Anita Höhne

Schönheitstees, die Wunder wirken

Anita Höhne

Schönheitstees, die Wunder wirken

Mit Rezepten von Dr. med. Leonhard Hochenegg

Ariston Verlag · Genf/München

CIP-Titelaufnahme der Deutschen Bibliothek

Höhne, Anita:
Schönheitstees, die Wunder wirken:
mit Rezepten von Dr. med. Leonhard
Hochenegg / Anita Höhne. – Erstaufl. –
Genf; München: Ariston Verlag, 1989
ISBN 3-7205-1541-9

Gestaltung des Schutzumschlages:
H. + C. Waldvogel, Grafik Design, Zürich

Gesamtherstellung: Ueberreuter Buchproduktion, 2100 Korneuburg bei Wien
Erstauflage April 1989
Printed in Austria 1989

ISBN 3-7205-1541-9

Inhalt

Einleitung

Dr. Hocheneggs Hausapotheke der Schönheit

Gerade trafen wir eine junge Frau bei dem Tiroler Arzt DR. LEONHARD HOCHENEGG. Sie klagte über brüchige Fingernägel. Und ihr Haar sei kraftlos. Der sie nun behandelt, wurde im Spätherbst 1988 von einer großen deutschen Illustrierten als Wunderheiler vorgestellt – würde er nun der Patientin die Hand auflegen? Was tut er wirklich? Er stellt die üblichen Untersuchungen an, das Haar kommt unter das Mikroskop, er erkundigt sich nach den Lebensgewohnheiten der Ratsuchenden. Auch ein *Computer* wird zur *Diagnose* eingesetzt. Und am Ende hört die junge Frau verblüfft, daß ihr *Teerezepte* verordnet werden. Zum Beispiel mit *Löwenzahn.* Was kann der Löwenzahn schon gegen brüchiges Haar oder Fingernägel bewirken? Und warum soll sie außerdem einen bestimmten Tee mit der Pflanze *Augentrost* trinken? Gibt es wirklich Mixturen für gutes Aussehen? Mixturen zum Einnehmen, nicht nur zum Einreiben?

Die Antwort an die junge Frau wie an die Leser dieses Buchs darf lauten: *Was immer Sie bekümmert – die Natur hat nicht nur gegen Krankheiten, sondern genauso für die Schönheit, für gutes Aussehen, für die Pflege des Körpers Kräuter wachsen lassen – auf jeden Fall viel mehr, als Sie wissen.* Es sind Mittel, die Ihrem Körper einfach guttun. Daraus wird Schönheitspflege zum Trinken – die Mehrzahl der Empfehlungen dieses Buchs sind Teerezepte.

Löwenzahn ist nur ein Bestandteil von vielen jener Mischung, die Dr. Leonhard Hochenegg verordnete. Die Wurzel des Löwenzahns enthält Säuren, die dem Haar Kraft geben. Ein anderes Beispiel: Die Weiße Schafgarbe (auch *Steinraute* oder *Weißer Speik* genannt) hilft Schlackenstoffe auszuscheiden. *Augentrost* wiederum fördert die Durchblutung der Hornhaut im Auge. Außerdem erfährt die junge Frau, daß ihre kleinen Krankheiten eine einzige Ursache haben: falsche Ernährung.

Gleich werden in ihr noch andere Fragen wach. Hat sie das richtig verstanden: Sie soll ihr Haar also nicht nur mit verordneten Mixturen waschen, sondern ähnliche Mischungen als *Tee trinken?*

Stimmt. *Schönheitspflege muß* in vielen Fällen zunächst *von innen beginnen.* Nehmen wir als Beispiel das robuste und doch so empfindliche Haar. Es ist gut, wenn Sie von außen für eine gesunde Kopfhaut sorgen – durch Einreiben und Massieren mit geeigneten Mitteln. Aber das reicht kaum aus. Störungen der Gesundheit und damit der Schönheit stecken tiefer – im wahrsten Sinn des Wortes –, nämlich in der Haut und darunter. Es muß im Falle unserer jungen Patientin etwas für die Ernährung der Haare und der Zellen, die für das Nachwachsen der Fingernägel sorgen, getan werden. Deshalb Tees. Oft wird eine gleichzeitige äußere Behandlung angeraten: als Verstärkung und Ergänzung.

Wohlgemerkt: Es geht dabei nicht nur um das Kurieren von Krankheiten. Wenn wir die Frische der Haut, den Glanz der Haare erhalten, wenn wir alles tun, was für Stoffwechsel und Kreislauf förderlich ist, wenn wir den Körper richtig pflegen, auch überschüssige Pfunde abbauen – dann haben wir eine wesentliche Voraussetzung für natürliche Schönheit geschaffen. Aber nicht nur körperliches, sondern auch seelisches Wohlbefinden gehört dazu – und es besteht kein Zweifel, daß Tees hier ebenfalls wohltuend wirken. Sie schaffen die körperlichen und die seelischen Voraussetzungen für das, was der Mensch ausstrahlt und was ein Teil der Schönheit ist: innere Frische, lebensbejahende Harmonie.

Warum aber verordnet Dr. Hochenegg oft *Mischungen* aus *Al-*

penkräutern und *Heilpflanzen der Tropen?* Wie kommt er zu dieser Verbindung? Sie ist eng mit der Lebensgeschichte des Dr. Leonhard Hochenegg verknüpft. Er studierte in Innsbruck drei Jahre lang Pharmakologie (Arzneimittelkunde), wurde dann Arzt für Allgemeinmedizin und durch ein weiteres Studium Facharzt für Psychiatrie und Psychologie. Darüber hinaus ging er bei Luis Gaiser, einem berühmten Tiroler Kräuterfachmann, in die Lehre und ließ sich von ihm Standorte seltener Heilpflanzen zeigen. Er lernte, welche Pflanzenteile wirksame Inhaltsstoffe enthalten – Wurzel, Blätter oder Blüte – und hörte die Erfahrungen von Generationen. (Daß die Pflanze *Augentrost* tatsächlich eine Heilwirkung bei Augenerkrankungen, etwa Augenlid- oder Bindehautentzündung, ausübt, läßt sich heute wissenschaftlich nachweisen, war jedoch bereits vor Jahrhunderten bekannt. Schon der Name der Pflanze verrät, was man von ihr erwarten darf.) Außerdem besuchte Leonhard Hochenegg mehrmals und monatelang die Insel Panay der Philippinen und studierte bei dem philippinischen Heilpraktiker Gaudioso Rendo die Kräuter der tropischen Wälder. Bei Experimenten ergab sich: Tropische Pflanzen haben mehr Sonnenenergie aufgeladen und wirken schneller als die Pflanzen gemäßigter Zonen. Bei den widerstandsfähigen Pflanzen der Alpen dagegen setzt die Wirkung langsamer ein, hält aber länger an. Diese Eigenschaften lassen sich hervorragend kombinieren. Leonhard Hochenegg nimmt dabei den Computer zu Hilfe und setzt ihn für die exakte Errechnung von Mischungen und für Tests ein. Mit einem Metallstift folgt Leonhard Hochenegg Körpermeridianen, den Energielinien auf dem menschlichen Körper. Er sucht die Schwachstellen und wählt zur Behandlung jene Kombination von Pflanzen, die hier besonders wirksam ist.

Hochenegg gibt seine Rezepte mit einer Warnung weiter, die immer wiederholt werden muß. Er stellt eine Hausapotheke der Schönheit vor. Im Krankheitsfall dürfen die Tees jedoch nicht den Arztbesuch ersetzen, sie können ihn nur ergänzen, und das gleichfalls nur nach Rücksprache mit dem Arzt. Beim geringsten Zweifel ist die Beratung durch den Arzt dringend anzuraten. Tees können heilen, werden dabei nie schädlich sein – schädlich wäre es nur, würde eine Krankheit nicht richtig erkannt und mit den falschen Mitteln behandelt.

Dr. Leonhard Hocheneggs Weg folgen heute viele. Wir erleben die Wiederentdeckung der Naturmedizin, der Pflanzenheilkunde, die lange vernachlässigt wurde. Immer mehr Ärzte gelangen zu der Ansicht, daß natürliche Medikamente schonender und oft sicherer sind als chemische Mittel. Das gilt für die Gesundheit, aber noch viel mehr bei der Körperpflege, bei der die Chemie manchmal auf Dauer für eine gefährliche Schönheit sorgt, eine Schönheit, die schadet.

Anita Höhne

Hinweise zur Teebereitung

Es ist nicht gleichgültig, mit welcher Methode man die Inhaltsstoffe bestimmter Pflanzen beziehungsweise Pflanzenteile zu gewinnen sucht. Für die verschiedenen Zwecke bestehen jeweils entsprechende Möglichkeiten:

Der Aufguß (Infus)

Er gilt vorwiegend für Tees aus getrockneten Blüten und Blättern.

Diese geben durch kurzes Überbrühen ihre aromatischen Wirkstoffe an das Wasser ab. Das Kochen würde die Stoffe teilweise zerstören. In ein reines Gefäß (kein Metall) gibt man ein bis drei (häufig zwei) Teelöffel der zerkleinerten Pflanze. Sie werden mit einem Viertelliter gerade siedenden Wassers übergossen. Dann läßt man alles zugedeckt fünf bis fünfzehn Minuten ziehen, rührt einmal um und seiht ab.

Hinweise: Die Teefarbe ist kein Kriterium für den Gehalt an Wirk- und Heilstoffen. Auch ganz helle Teearten können sehr heilkräftig sein.

Der Kaltansatz

Er eignet sich für alle Schleimdrogen, wie *Leinsamen, Eibisch, Isländisches Moos, Wilde Malve* (Käsepappel), aber auch für *Kalmus, Beinwell, Mistel* und andere. Diese verlören bereits durch Überbrühen an Wert. Man übergießt die empfohlene Menge mit kaltem

Wasser, läßt sie über Nacht bei Zimmertemperatur stehen, wärmt morgens auf Trink- oder Badetemperatur und seiht ab.

Übliche Dosierung: zwei gehäufte Teelöffel auf einen Viertelliter Wasser.

Die Kalt-Warm-Methode

Sie ist besonders für Mischtees geeignet und vereint die Vorzüge des Kaltansatzes und des Minutenaufgusses. Die vorgeschriebene Kräutermenge wird mit kaltem Wasser übergossen und über Nacht stehen gelassen (wie bei Kaltansatz). Dadurch gelangt bereits ein Teil der Wirkstoffe in den Tee. Morgens erhitzen, nur einmal kurz aufwallen und etwa 20 bis 30 Sekunden ziehen lassen (dies löst einen weiteren Teil der Wirkstoffe aus der Pflanze), danach abseihen.

Übliche Dosierung: zwei Teelöffel für einen Viertelliter Wasser.

Der Heißansatz

Er dient bei besonders harten Wurzeln, Hölzern und Rinden mit reichem Gehalt an ätherischen Ölen der Gewinnung wertvoller Heilstoffe. Es wird ein Teelöffel bis ein Eßlöffel der zerkleinerten Pflanze mit einem Viertelliter kochendem Wasser überbrüht und anschließend bis zum Erkalten stehen gelassen. Zum Beispiel bei Baldrian, Alant, Engelwurz, Meisterwurz.

Übliche Dosierung für Heißansatz: ein Teelöffel bis ein Eßlöffel für einen Viertelliter Wasser.

Die Abkochung

Harten, verholzten Pflanzenteilen lassen sich die Wirkstoffe häufig nur durch Kochen entziehen. Die Drogen werden in einen Topf mit kaltem Wasser gegeben und unter Rühren zum Kochen gebracht. Je nach Härte der Pflanzenteile läßt man diese 10 bis 30 Minuten kochen und seiht sie dann ab.

Übliche Dosierung: Ein bis drei Teelöffel für einen Viertelliter Wasser.

Teelagerung

Die Kräuter sind in gut schließenden Behältern, zum Beispiel getönten Weithalsgläsern oder Kartondosen, nicht aber in Kunststoffbehältern aufzubewahren. Die Lagerung soll an einem luftigen, trockenen und lichtarmen Ort erfolgen.

Allgemein beträgt die Dosierung der Kräuter also ein bis drei Teelöffel für eine Tasse beziehungsweise einen Viertelliter Wasser. (Meist ist sie bei den Rezepten genauer vermerkt.) Sofern nicht anders angegeben, lassen Sie Ihre Kräutermischung bitte nicht aufkochen. Sie soll nur mit kochendheißem Wasser überbrüht werden und muß dann durchschnittlich zehn Minuten lang ziehen. Nach dem Abseihen warm trinken – in der Regel dreimal täglich eine Tasse. Wichtig ist, daß Sie den Tee jedesmal frisch zubereiten, da sich die ätherischen Bestandteile bei längerem Stehen verflüchtigen und sich die Heilwirkung dadurch verringert.

Zum Süßen keinesfalls Zucker oder Süßstoff, sondern höchstens Bienenhonig oder Naturrohrzucker verwenden. Die Rezepte sind für Personen im Alter von dreißig bis sechzig Jahren mit einem Körpergewicht von sechzig bis siebzig Kilogramm berechnet. Bei größeren Abweichungen sollten Sie sich eine eigene Mischung berechnen lassen.

Zu einer *Teekur* gehört *Abwechslung.* Denn nach zwei bis drei Wochen hat sich der Körper an die Mischung gewöhnt, und die Wirkung läßt nach.

Die benötigten Kräuter oder Kräutermischungen erhalten Sie in der Apotheke, manche nichteinheimischen Kräuter oder Teemischungen damit eher in internationalen Apotheken. Sie können sie direkt bei der *Hochenegg-Gesellschaft,* Eugen-Straße 1, A-6060 Hall in Tirol, beziehen.

Anmerkung: In den Rezepten sind nichteinheimische Pflanzen meist mit deren wissenschaftlichem Namen genannt, um eine Verwechslungsgefahr auszuschließen.

Erstes Kapitel

Was den Menschen unter die Haut geht . . .

Die Haut – Grenze und Verbindung zur Außenwelt

Unsere Haut – ein vielseitiges Organ. Sie umhüllt den Körper wie ein fester Lederanzug. An den Fußsohlen ist sie so stark, daß nicht nur Fakire barfuß über glühende Kohlen laufen können, ohne eine Brandwunde davonzutragen. Dennoch ist die Empfindlichkeit der Fußsohlen besonders groß: Schon ein ganz leichtes Berühren, ein Kitzeln, vermag unerträglichen Lachreiz und Zuckungen auszulösen. So fest die Haut auch ist, wirkt sie als feinreagierendes Sinnesorgan. An den Händen kann sie sogar helfen, erloschenes Augenlicht zu ersetzen. Blinde lesen mit den Fingern, sie tasten winzige Erhebungen ab, die sich für die empfindlichen Hautstellen zu Buchstaben formen.

Sogar die Polizei benutzt die Haut, als fälschungssicheren Ausweis: Fingerabdrücke zeigen bekanntlich bei jedem Menschen eine andere Form – es gibt sie nicht doppelt auf der Welt.

Die Haut macht auch Gefühlsreaktionen, etwa auf bloße Worte, sichtbar. Wer hat nicht schon erlebt, daß ein Witz, eine zweideutige Formulierung, eine beschämende Wendung einem anderen Menschen die Schamröte ins Gesicht steigen läßt? Bezeichnend ist ja die Formulierung: Etwas geht dem Menschen unter die Haut . . . Damit sind Ereignisse gemeint, die uns tief berühren – gleichsam durch die Haut hindurch.

Dieses nahezu zwei Quadratmeter große und fünf Kilogramm schwere, hochspezialisierte Organsystem hat die vielfältigsten Aufgaben zu erfüllen: Es muß die übrigen Gewebe und Organe gegen mechanische, chemische und Strahlungseinwirkungen schützen und Krankheitserreger daran hindern, in den Körper einzudringen. Es regelt den Wasser- und Temperaturhaushalt (bei tropischer Hitze ebenso wie bei arktischer Kälte) und kann feinste Reize aufnehmen und weiterleiten.

Zugleich ist die Haut ein Kennzeichen der Schönheit und der Gesundheit. Niemand ist wirklich schön zu nennen, den das Schicksal mit ungesunder Haut schlägt.

Daher ist jeder bestrebt, die Haut zu pflegen, ihre Widerstandskraft und Frische zu erhalten, Mängel zu beheben oder auszugleichen. Kaum einem anderen Bereich des Körpers wenden sich Menschen so bewußt zu. Gleichzeitig unterliegt kaum ein Organ so vielen äußeren Einflüssen und Strapazen.

Wobei der Arzt hinzufügen muß: Zuwendung und Strapazen sind manchmal identisch. Aus vermeintlichen Wohltaten wird oft rasch eine gefährliche Quälerei. Die Haut braucht zum Beispiel Sonne. Aber viele Menschen lassen sich zu intensiv bräunen. (Die Gefahr durch die Sonne wird sich in Zukunft noch erhöhen, wenn der langwellige Anteil ultravioletter Strahlung bei Vergrößerung des Ozonlochs nicht mehr, wie bisher, von der Ozonschicht der Stratosphäre absorbiert wird.)

Angriffe kommen auch von vielen anderen Seiten: Luft- und Wasserverschmutzungen führen immer öfter zu Hautreizungen. Die Haut wird indessen nicht nur durch solche Verunreinigungen angegriffen, sondern auch durch die in Haushalt, Nahrungsmitteln und anderen Bereichen verwendeten, allgegenwärtigen Chemikalien!

Selbst das Gebiet der Schönheitspflege hat die Chemie nahezu ganz erobert. Immer mehr Cremes und Wässerchen werden immer teurer mit dem Versprechen einer immer stärkeren Zauberwirkung angeboten. Aber leider: Nicht alles geht (wohltuend) unter die Haut, was ihr aufgetragen wird.

Wie sehr die Haut unter all diesen Einflüssen leidet, wird annähernd deutlich, wenn man bedenkt, daß etwa ein Viertel – also fünfzehn Millionen Menschen – der Bevölkerung in der Bundesrepublik Deutschland hautkrank sind. Vor allem während der vergangenen zehn Jahre stieg die Zahl derer stark an, die sich Hautproblemen oder Hauterkrankungen ausgesetzt sahen. Zu den häufigsten Krankheiten zählen die verschiedenen Formen von Ausschlägen aller Art, die Schuppenflechte und die Akne. Aber auch der Hautkrebs tritt immer mehr in Erscheinung. Mitverantwortlich für die Zunahme der Hautkrankheiten mögen neben anderen Faktoren nun die schon ins Unübersichtliche gewachsene Vielzahl chemischer Stoffe – zu denen täglich neue kommen – und die auch damit zusammenhängende erhöhte Zahl von Krankheitserregern sein.

Andererseits wissen die Ärzte, daß die Menschen hautbewußter geworden sind. Viele Fälle, die früher unbehandelt blieben, werden dem Arzt nun gezeigt.

Dennoch ist die Anzahl derer immer noch groß, die nur zur Hausapotheke greifen. Hier stecken Dunkelziffern von bedrohlicher Höhe.

Wie aber kann man Erkrankungen der Haut vorbeugen und sie vor ungünstigen Einwirkungen schützen?

Unsere schöne, glatte, sanfte Haut besteht an der Oberschicht aus toten, harten Zellen, die einiges abweisen. Das Wichtigste geschieht darunter. In den tieferen Schichten ereignet sich das Leben. Dort befinden sich Talgdrüsen, Schweißdrüsen, Haarwurzeln, die Blutgefäße und jene Meßorgane des Körpers, die Druck, Kälte, Wärme und Schmerz melden. Dort beginnt die Krankheitsabwehr, werden wichtige Hormone produziert. Deshalb gilt für die Haut, was wir auch im Kapitel über das Haar schreiben: Sie muß von *unten* und *oben,* also innerlich und äußerlich, behandelt werden – wie, das hängt vom Einzelfall ab. Fangen wir beim Einfachsten an, bei dem sich so viel falsch machen läßt: bei der täglichen Pflege.

Bürsten, reinigen, stärken – Hinweise zur allgemeinen Pflege

Auf eine gesunde Haut wird großer Wert gelegt. Bei einem Menschen, dem wir zum erstenmal begegnen, achten wir auf seine Haut ebenso wie auf Kleidung, Auftreten, Körpersprache und anderes.

Ein guter Hauttyp wirkt von sich aus sympathisch. Seine Haut ist elastisch, gut durchblutet, von gesunder Farbe, nicht zu trocken oder fett. Um dieses zu erreichen und zu erhalten, ist besonders auf eine richtige Reinigung der Haut zu achten. Auch eine ursprünglich gesunde Haut kann durch falsche Pflege stark geschädigt werden.

Feuchtigkeits- und Fettgehalt der normalen Haut bleiben üblicherweise gleich. Durch Duschen oder Waschen des Körpers wird der Fettgehalt der Haut um etwa 20 Prozent verringert. Finden dabei noch synthetische Reinigungsmittel Verwendung, sinkt der Fettgehalt möglicherweise bis zu 70 Prozent. Dadurch wird die Haut sehr trocken und empfindlich. Man sollte sich deshalb mit alkalifreien Seifen waschen, da diese den natürlichen Säureschutzmantel der Haut nicht angreifen.

Der Aufenthalt in Räumen mit Klimaanlage oder Zentralheizung trocknet unsere Haut ebenfalls aus. Gleichzeitig verliert sie ihre Elastizität, die ja von der Fähigkeit der Hornschicht, Wasser zu binden, abhängt. Lüften Sie daher alle Räume ausreichend und verbringen Sie möglichst viel Zeit im Freien.

Eine gute Methode, die Durchblutung der Haut zu fördern, ist das Massieren und sogenannte *Bürsten* mit einem im Handel erhältlichen Massagehandschuh aus Sisalfasern. Dieses Bürsten wirkt belebend – nach dem Baden oder Duschen, aber auch am Morgen unmittelbar nach dem Aufstehen. Der ganze Körper wird dabei von unten nach oben ohne Druck gebürstet. Sie werden sofort merken, wie gut durchblutet Ihre Haut wird und wie frisch und energiegeladen Sie sich danach fühlen. Nach jeweils etwa 14 Tagen sollten Sie aber immer eine Pause von ungefähr fünf Tagen einlegen, um eine zu große Gewöhnung der Haut an die Massage zu vermeiden. Denn bei Gewöhnung verringert sich die Wirkung wesentlich.

Wie schon erwähnt, ist unsere Haut sehr vielen verschiedenen Einflüssen ausgesetzt, dem Wetter, dem Schmutz, Rauch, Abgasen und anderen. Auch von innen her kommen Störungen, zum Beispiel der Drüsen, des Stoffwechsels, der Verdauung. Nicht zu vergessen sind die negativen Auswirkungen durch Streß und andere nervliche Belastungen.

Zur *Aufrechterhaltung* ebenso wie zur *Stärkung einer gesunden Funktion der Haut* haben sich die nachfolgenden Rezepte sehr bewährt.

Ein morgendlicher *Tee* zur *Kräftigung:*

45 g Ackerschachtelhalm
20 g Birkenblätter
40 g Brennesselblätter
10 g Thymian
25 g Taubnessel

Für eine Tasse Tee (etwa einem Viertelliter entsprechend) nimmt man ein bis zwei Teelöffel der Kräutermischung, übergießt sie mit kochendheißem Wasser und läßt ihn 10 Minuten ziehen. Danach abseihen und schluckweise zum Frühstück trinken.

Auch dieser *Tee* ist sehr hilfreich:

40 g Ackerschachtelhalm
30 g Andorn
15 g Eichenrinde
10 g Faulbaumrinde
25 g Löwenzahnwurzel
30 g Meisterwurz
25 g Quecke
15 g Salbeiblätter

Setzen Sie einen Teelöffel der Kräutermischung in einer Tasse Wasser am Abend kalt an und lassen Sie dies über Nacht stehen.

Dann abseihen, kurz aufkochen lassen und schluckweise zum Frühstück einnehmen.

Sehr gut wirken auch Einreibungen mit *Arnikatinktur* oder mit *Olivenöl,* in dem *Arnikablüten* angesetzt waren. Zu dessen Herstellung werden 50 Gramm Arnikablüten in 250 Gramm Olivenöl eingelegt, in einem verschlossenen Gefäß zwei bis drei Wochen an einem sonnigen Ort stehen gelassen und dann abgeseiht.

Zur inneren Anwendung sind außerdem *Tees* mit *Frauenmantel, Goldrute* oder *Echter Kamille* zu empfehlen.

Natürlich können Sie Ihrem *Badewasser* ebenfalls Kräuterauszüge beigeben. Durch Hinzufügen von *Melissentinktur* erzielen Sie eine entspannende Wirkung auf Ihre Haut, durch Verwendung von *Rosmarintinktur* eine belebende.

Regeln für jeden Tag

Grundsätzliches zur Ernährung

Um die Haut schön glatt und geschmeidig zu erhalten, sind einige Regeln, besonders hinsichtlich der Ernährung, zu beachten:

Wesentlich ist vor allem ein normales Körpergewicht. Essen Sie nur, wenn Sie Hunger haben. Man sollte nicht gewohnheitsmäßig, wegen Verstimmungen, Ärger oder Unlust essen. Nehmen Sie sich Zeit und essen Sie Bissen für Bissen langsam und mit Genuß.

Rohkost und Vollwertkost sind zum Erreichen einer schönen Haut unentbehrlich. Biologisch gezogenes Gemüse hat Vorrang. Achten Sie darauf, daß Ihr Essen nicht verkocht wird, denn die Vitamine sollen ja erhalten bleiben.

Fünf kleine Mahlzeiten sind besser als drei große. Zwischendurch einen Apfel essen, das hält den Blutzucker im normalen Bereich. Außerdem kommt es dann zu keinem Leistungsabfall.

Achten Sie selbst auf Ihre Ernährungsgewohnheiten und lassen Sie sich, zum Beispiel durch Kantinenessen, keine fehlerhafte Kost aufzwingen. Denken Sie an die regelmäßige Zufuhr von Spurenelementen. Verspüren Sie zwischen den Mahlzeiten Hunger, so vertreiben Sie ihn mit einigen Sonnenblumen- oder Kürbiskernen oder einer Banane. Essen Sie eher salzarm – zuviel Salz schadet Ihrer Schönheit, denn es kann die Haut rauh und rissig machen.

Vermeiden Sie auch raffinierten Zucker, Weißmehlprodukte, Süßigkeiten, dies alles kann Ekzeme und Hautunreinheiten hervorrufen. Essen Sie täglich zu den Mahlzeiten Bierhefe, durch sie wird die Haut glatt und geschmeidig.

Verzichten Sie möglichst auf Konservenkost, denn die von den Büchsen gelösten Schwermetalle belasten die Haut und die inneren Organe.

Nehmen Sie auch nie unbekümmert Tabletten. Versuchen Sie immer auf natürliche Weise, Ihren Gesundheitszustand im Gleichgewicht zu halten.

Verschaffen Sie sich regelmäßig Bewegung in frischer Luft. Für die Haut ist es am besten, wenn Sie am Tag sechs Kilometer Fahrrad fahren oder ein bis zwei Stunden wandern, laufen oder schwimmen. Zuwenig Bewegung beeinträchtigt oder gefährdet die Transpiration und Regeneration der Haut.

Morgens – mittags – abends: Tips zur täglichen Speisenfolge

Hautfreundliche Ernährung beginnt mit dem *Frühstück,* bei dem das Birchermüesli nicht fehlen darf:

Es besteht aus Hafer- und Weizenflocken, Rosinen, gehackten Nüssen, einem geriebenen Apfel, etwas Honig und einigen Tropfen Buttermilch. Alles miteinander vermengen und gut kauen.

Vormittags ein Joghurt essen. Bei großem Hunger kann man statt dessen auch eine Portion Hüttenkäse verzehren.

Das *Mittagessen* sollte keine zu scharfen Gewürze enthalten und nicht aus zu schwerer Kost bestehen.

Bei empfindlicher Haut empfiehlt es sich, am *Abend* eine kleine Mahlzeit einzunehmen, die sich aus reizloser Kost zusammensetzt, zum Beispiel: eine Banane, ein Apfel und eine kleine Portion Hüttenkäse mit Radieschen.

Bei allen Mahlzeiten ist zu beachten, daß der Eiweißgehalt der Nahrung pro Tag 60 bis 70 Gramm nicht überschreitet, und der

Fettgehalt sollte unter 50 Gramm bleiben. Dabei sind pflanzliche Fette mit mehrfach ungesättigten Fettsäuren den tierischen Fetten vorzuziehen.

Ernährung und Bewegung in frischer Luft sind wesentliche Faktoren, die über Aussehen und Funktionstüchtigkeit der Haut mitentscheiden.

Für die tägliche Pflege von innen her empfiehlt sich zusätzlich folgender *Kräutertee:*

20 g Ackerschachtelhalm
20 g Argemone mexicana
40 g Brennessel
40 g Römische Kamille
30 g Schafgarbe

Zwei Teelöffel pro Tasse mit kochendem Wasser überbrühen, 10 Minuten ziehen lassen, je eine Tasse vor den Mahlzeiten trinken.

Nach zwei bis drei Wochen umstellen auf:

20 g Birkenblätter
40 g Brennessel
20 g Cissus quadrangula
30 g Fenchel
30 g Römische Kamille
20 g Wacholderspitzen

Zwei Teelöffel der Mischung in einem Viertelliter Wasser kurz aufkochen, dann 15 Minuten ziehen lassen. Vor jeder Mahlzeit heiß und schluckweise trinken.

Bei *empfindlicher Haut* beruhigt vor dem Zubettgehen noch eine Tasse von folgendem *Tee:*

20 g Alpen-Frauenmantel
40 g Echte Kamille
30 g Hopfenzapfen
30 g Melisse
20 g Passiflora foetida
30 g Passiflora incarnata
30 g Römische Kamille

Ein bis zwei Teelöffel der Kräutermischung mit einer Tasse (also etwa einem Viertelliter) kochendheißem Wasser übergießen, 10 Minuten ziehen lassen, abseihen und schluckweise trinken.

Sollte eine Tasse dieses Tees zum Einschlafen nicht ausreichen, kann man unbedenklich eine zweite Tasse trinken.

Vitamine und Spurenelemente für eine schöne Haut

Wichtig für das Wohlbefinden der Haut ist außerdem die regelmäßige Versorgung des Körpers mit *Vitaminen.* Die oberflächlichen und auch die tieferen Hautschichten, ebenso Augen, Zahnfleisch und Bindegewebe benötigen *Vitamin A* in reichlichem Maß. Vitamin A verhindert vorzeitige Abnützungs- und Alterungserscheinungen der Haut. Ein Mangel daran führt zur Verhornung von Haut und Schleimhäuten, Nachtblindheit, Gewichtsverlust und Haarausfall. Wird allerdings zuviel davon eingenommen (mehr als 100 000 Internationale Einheiten täglich), kommt es zu Appetitlosigkeit, Leberstörungen und innerer Unruhe. *Vitamin A* ist in Spinat, Karotten, Rosenkohl, Sanddorn, Milchprodukten, Kresse und Innereien enthalten.

Vitamin B_1 kann ebenfalls frühzeitigen Alterserscheinungen der Haut entgegenwirken, denn es beeinflußt die Hormone der Nebennierenrinde und des Nebennierenmarks günstig. Bei einem Mangel an Vitamin B_1 sind Hautstörungen die Folge, das Säure-Basen-Gleichgewicht des Körpers bleibt nicht mehr aufrecht, und die Festigkeit der Haut wird geschwächt.

Vitamin B_2 ist am Stoffwechsel beteiligt und schützt Haut, Schleimhäute und Augen vor Entzündungen. Auch Glanz und Sehfähigkeit der Augen hängen von einer ausreichenden Vitamin-B_2-Zufuhr ab. Ein Mangel an diesem Vitamin äußert sich in Haut- und Schleimhauterkrankungen – etwa Neigung zu Ekzemen, Entzündungen in den Mundwinkeln, Zungenbrennen –, Überempfindlichkeit gegen Licht und geröteten Augen. Außerdem bilden sich vorzeitig Falten am Hals und im Gesicht, vor allem Nasenfalten, die dem Gesicht einen verbitterten Ausdruck geben. Solche Schäden lassen sich durch eine wohldosierte Zufuhr von Vitamin B_2 wieder rückgängig machen.

Vitamin B_3 übt ebenfalls einen Einfluß auf das Stoffwechselgeschehen und die Versorgung der Haut aus. Bei einem Mangel schuppt sich die Haut ab, sie wird leicht faltig; es kommt zu offenen Stellen in den Mundwinkeln. Hände und Füße sind schlecht durchblutet, und die Haut wirkt schlaff. Der Betroffene leidet an Vergeßlichkeit und Depressionen. Eine rechtzeitige Gabe von ausreichend Vitamin B_3 kann die Beschwerden wieder beheben.

Auch *Vitamin B_6* ist ein wichtiger Faktor für den Stoffwechsel und eine gesunde, elastische Haut. Ein Mangel daran kann Zahnfleischbluten, Parodontose, Mundgeruch, ein geschwollenes Gesicht, Ekzeme, Juckreiz, Verstimmungen, Schlaflosigkeit, Schwindel, Zittern, Schweißausbrüche und, wie bei Vitamin-B_3-Mangel, eine vorzeitige Faltenbildung zur Folge haben. Bei Jugendlichen entsteht sehr leicht Akne.

Das antianämische *Vitamin B_{12}* ist der Reifungsfaktor der roten Blutkörperchen und trägt zu vielen biochemischen Reaktionen in unserem Körper bei. Mangelerscheinungen sind Blässe, Faltenbildung, Ekzeme und Zungenbrennen. Ein erhöhter Mangel kann Blutarmut auslösen. Das Einbeziehen von Weizenkeimen, Eigelb, Molkereiprodukten und Fisch in den Speiseplan beugt Mangelerscheinungen vor oder hilft, sie auszugleichen.

Ebenso notwendig ist *Vitamin C,* denn als Stoffwechselaktivator fördert es Heilungsvorgänge, schützt vor Infektionen, Streß und Umweltschäden. Es hat eine entgiftende Wirkung. Bei Neigung zu Ekzemen und Hautunreinheiten hat sich die Gabe von Vitamin C als günstig erwiesen. Mindestens 50 Milligram Vitamin C sollten in diesem Fall täglich eingenommen werden.

Ebenso fördert Vitamin C die Gewebedurchblutung und ein gesundes, natürliches Aussehen der Haut. Bei einem Mangel an Vitamin C wird das Gewebe schlaff, wabbelig und kraftlos. Folgender Tee trägt dazu bei, solche Mangelerscheinungen zu verhindern oder sie zu bekämpfen:

30 g Brennesselblätter
20 g Cleome spinosa
40 g Hagebutten ohne Samen
30 g Malve
20 g Melisse

Ein bis zwei Teelöffel der Mischung in etwa einem Viertelliter Wasser (eine Tasse) kurz aufkochen und 10 Minuten ziehen lassen, je eine Tasse schluckweise vor den Mahlzeiten trinken. Dieser Tee kann auch mit Honig gesüßt und mit frischem Zitronensaft versetzt werden.

So zubereitet deckt der Tee den natürlichen Vitamin-C-Bedarf des Körpers und erhält die Haut glatt und geschmeidig.

Für ein gesundes Aussehen der Gesichtshaut ist besonders auch *Vitamin E* notwendig. Es fördert die Sauerstoffaufnahme, die Durchblutung des gesamten Körpers und schützt den Stoffwechsel vor giftigen Substanzen. Denn Vitamin E hat die Eigenschaft, giftige Stoffe zu oxidieren und abzubauen. Eine wohldosierte Zufuhr von Vitamin E kann auch Cellulite (Orangenhaut) und Bindegewebsschäden vorbeugen. Um die notwendige Tagesmenge an Vitamin E zu erhalten, sollten täglich zwei bis drei Teelöffel Weizenkeimöl eingenommen werden.

Nicht weniger lebensnotwendig als die Vitamine sind die Spurenelemente für den Organismus. Besonders wichtig unter ihnen ist Eisen, denn es fördert die Bildung des roten Blutfarbstoffs Hämoglobin, der für den Sauerstofftransport im Körper sorgt. Eisenmangel bedingt schlechte und unregelmäßige Verdauung, Kopfschmerzen, Kreuzschmerzen, Müdigkeit und eine ungesunde Hautfarbe.

Eisenhaltige Heilpflanzen sind zum Beispiel: *Spitzwegerich, Eisenkraut, Frauenmantel, Brennessel, Löwenzahn, Thymian, Brombeere, Hauhechel, Sauerampfer, Melisse, Schafgarbe* und *Wegwarte.* Auch die meisten Gemüse enthalten Eisen.

Bei ungesunder, *blasser Hautfarbe* haben sich zum Beispiel die nachstehenden *Kräuterteemischungen* bewährt: Für eine Tasse Tee nimmt man zwei Teelöffel der jeweiligen Mischung, übergießt sie mit kochendem Wasser und läßt die Drogen darin 15 Minuten ziehen. Abseihen und wie angegeben trinken.

30 g Ackerschachtelhalm
20 g Beinwell
10 g Bockshornkleesamen
30 g Brennessel
20 g Enzian
30 g Ringelblumenblüten
20 g Taubnesselblüten
20 g Walnußblätter
45 g Weidenrinde

Dreimal täglich eine Tasse schluckweise trinken.

40 g Brennessel
50 g Echte Kamille
30 g Kornblume
20 g Löwenzahnblätter
40 g Schafgarbe
10 g Stiefmütterchen
10 g Waldmeister

Ebenfalls dreimal täglich eine Tasse schluckweise trinken.

25 g Ackerschachtelhalm
15 g Hirtentäschelkraut
20 g Mistel
15 g Olivenblätter
40 g Schafgarbe
25 g Weißdorn

Morgens und abends je eine Tasse schluckweise trinken.

20 g Blasentang
25 g Faulbaumrinde
10 g Hauhechelwurzel
30 g Melisse
10 g Salbei
15 g Sandelholz
40 g Schafgarbe

Dreimal täglich eine Tasse zu sich nehmen.

20 g Ackerschachtelhalm
30 g Brennessel
45 g Pfefferminze
30 g Schafgarbe
15 g Tausendguldenkraut
10 g Weißdorn
10 g Wermut

Zweimal täglich eine Tasse trinken.

(Weitere Rezepte siehe im alphabetisch geordneten Abschnitt über Hautprobleme unter dem Stichwort *Blasse Haut.*)

Gesundes Aussehen und allgemeines Wohlbefinden werden auch durch *Blutreinigung* und *Entschlackung* gefördert.

Sehr gut zur Blutreinigung sind eine Reihe von *Teemischungen,* von denen einige sehr wirkungsvolle genannt seien – die Teebereitung erfolgt nach den vorhergehenden Angaben –:

40 g Echte Kamille
20 g Erdrauch
15 g Kalmuswurzel
30 g Kornblume
15 g Wacholderbeeren

Ein- bis zweimal täglich eine Tasse trinken.

20 g Bingelkraut
55 g Echte Kamille
25 g Frauenmantel
15 g Knoblauch
20 g Meisterwurz
25 g Wacholderbeeren

Zwei- bis dreimal täglich eine Tasse trinken.

20 g Brennessel
15 g Erdbeerblätter
20 g Faulbaumrinde

30 g Holunderblüten
15 g Mistel
50 g Pfefferminzblätter
15 g Schlehdornblüten
15 g Wacholderbeeren

Ein- bis zweimal täglich eine Tasse trinken.

30 g Birkenblätter
30 g Brennessel
20 g Fenchel
25 g Holunderblüten
40 g Pfefferminze
15 g Queckenwurzel
25 g Schlehdornblüten
15 g Tausendguldenkraut

Einmal morgens, einmal abends eine Tasse.

25 g Brennessel
40 g Echte Kamille
15 g Holunderblüten
20 g Lindenblüten
30 g Melisse

Zweimal täglich eine Tasse.

Für ein *gesundes Blut* und damit für ein gesundes, frisches Aussehen sorgen auch viele *Pflanzensäfte,* so zum Beispiel:

APFELSAFT – wirkt gut blutreinigend,
ARTISCHOCKENSAFT – beeinflußt den Cholesterinspiegel positiv,
BIRKENSAFT – fördert die Ausscheidung der Harnsäure aus dem Blut,
BRENNESSELSAFT – beeinflußt die Blutbildung günstig,
GURKENSAFT – löst Harnsäure,
HAGEBUTTENSAFT – stärkt die Abwehrkräfte des Körpers,
KAMILLENSAFT – wirkt stark entzündungshemmend,
KÜRBISSAFT – regt die Nierentätigkeit an,

Löwenzahnsaft – reinigt das Blut und regt den Stoffwechsel an,
Rote-Bete-Saft – stärkt die Abwehrkräfte,
Schafgarbensaft – beeinflußt das Blutsystem günstig,
Tomatensaft – fördert das Zellwachstum,
Zwiebelsaft – begünstigt die Durchblutung der Schleimhäute.

Auch der Faltenbildung kann man vorbeugen. Bewährt haben sich zum Beispiel *Vitamin C, Kamille, Kerbel, Besenheide, Schwarzer Tee:*

Vitamin C sollte man am besten durch frische Grapefruits oder Zitronen zu sich nehmen.

Von *Kamille* einen Tee bereiten und sich damit am Abend warm das Gesicht waschen.

Mit einem Aufguß von *Kerbel* (etwa drei bis vier Eßlöffel auf einen Liter Wasser, eine Viertelstunde ziehen lassen und dann abseihen) ebenfalls am Abend das Gesicht waschen.

Von der *Besenheide (Calluna vulgaris,* auch *Heidekraut)* ist ein *Heidekrautessig* erhältlich. Mit einigen Tropfen dieses Essigs sollte man nach der morgendlichen Wäsche sanft das Gesicht einreiben.

Den *schwarzen Tee* sollte man lange ziehen lassen und sich dann damit das Gesicht waschen. Er wirkt besser, wenn man sich nicht abtrocknet, sondern den Tee in die Haut einziehen läßt.

Pflege der Gesichtshaut: Kräutertees für jeden Hauttyp

Wie eingangs bereits erwähnt, wirkt das Gesicht eines Mitmenschen sympathischer, wenn dessen Reinheit nicht durch Pickel oder gar Ekzeme gestört ist. Eine ganze Reihe von *Tees* ermöglichen es aufgrund ihrer Inhaltsstoffe, einer *unreinen Gesichtshaut* entgegenzuwirken. Zum Beispiel:

20 g Anisfrüchte
20 g Basilikumblätter
20 g Ixora chinensis

10 g Lindenblüten
30 g Römische Kamille
40 g Salbei
30 g Selaginella tamariscina

Mit zwei Eßlöffeln der Mischung für eine Tasse einen Aufguß bereiten, den man zehn Minuten ziehen läßt. Vier- bis fünfmal täglich eine Tasse davon trinken.

Am Abend kann der Kräuterrückstand dieses Tees auf die Haut aufgelegt werden. Nach etwa zwei bis drei Stunden mit Wasser, dem etwas Zitronensaft beigemengt wird, abwaschen.

Eine weitere Möglichkeit zur Beseitigung von Hautunreinheiten besteht darin, am Abend die Blütenblätter der *Heckenrose* aufzulegen. Am Morgen wäscht man die Blätter mit weichem Wasser ab, das mit wenigen Tropfen Zitronensaft angereichert ist. Nach ein bis zwei Wochen von den Rosenblütenblättern zu *Königskerzenblüten* wechseln.

Für eine *frisch und jugendlich aussehende Gesichtshaut:*

30 g Brombeerblätter
40 g Himbeerblätter
20 g Johannisbeerblätter
20 g Limnophila rugosa
40 g Römische Kamille

Zubereitung wie oben. Über den Tag verteilt vier bis fünf Tassen lauwarm trinken.

Nach drei bis vier Wochen sollte man zu folgendem *Tee* übergehen:

20 g Alpen-Frauenmantel
20 g Echte Kamille
10 g Erdbeerblätter
20 g Hibiscus rosa-sinensis
10 g Hibiscus syriacus
20 g Melisse
10 g Thymian
20 g Waldmeister

Zwei Teelöffel der Mischung mit einem Viertelliter kochendheißem Wasser überbrühen und 20 Minuten ziehen lassen, dann abseihen. Täglich vier bis fünf Tassen lauwarm trinken.

Nach weiteren drei bis vier Wochen zu diesem Tee wechseln:

20 g Echte Kamille
20 g Fenchel
20 g Hibiscus syriacus
30 g Holunderblüten
10 g Homonoya riparia
30 g Lindenblüten
20 g Pfefferminze

Zubereitung wie oben, aber 15 Minuten ziehen lassen. Vier bis fünf Tassen täglich lauwarm trinken.

Etwa zwei bis drei Wochen später ist dieser *Tee* ratsam:

10 g Acalypha indica
30 g Brennessel
30 g Erdrauch
30 g Hopfenzapfen
30 g Löwenzahnwurzel
20 g Sida acuta
20 g Stiefmütterchen

Zubereitung und Anwendung wie oben.

Bei *fetter Gesichtshaut* empfiehlt sich:

30 g Ackerschachtelhalm
20 g Frauenmantel
20 g Klette
10 g Pistia stratiotes
30 g Römische Kamille
20 g Selaginella tamariscina
20 g Weißdornblüten
30 g Weißdornfrüchte

Zubereitung wie oben, 15 Minuten ziehen lassen. Vier bis fünf Tassen täglich heiß trinken.

Bei *Neigung zu fetter Haut* kann man das Gesicht mit folgender *Creme* pflegen:

1 g Arnikatinktur
2 g Johanniskrautöl
2 g Lindenblütentinktur
2 g Placenta-Extrakt
mit Salbengrundlage auf insgesamt 50 Gramm ergänzen.

Alle Zutaten gut miteinander verrühren. Die Creme abends dünn auf die gereinigte Haut auftragen, 15 Minuten einziehen lassen und den Überschuß an Creme mit einem Kosmetiktuch abnehmen. Über Nacht wirken lassen. (Bei sehr lichtempfindlicher Haut vor Anwendung dieser Creme eventuell ärztlichen Rat einholen, da das im Johanniskraut enthaltene *Hypericin* die Haut für Lichtreize besonders sensibel macht.)

Der nachstehende *Tee* unterstützt den günstigen Einfluß von innen her:

10 g Brombeerblätter
30 g Ixora chinensis
20 g Limnophila rugosa
20 g Rosmarin
30 g Thymian
30 g Weißdornblüten
20 g Weißdornfrüchte

Zwei Teelöffel der Kräutermischung mit einem Viertelliter kochendheißem Wasser übergießen, 15 Minuten ziehen lassen und abseihen. Vier bis fünf Tassen täglich heiß trinken.

Ist die *Gesichtshaut sehr stark fetthaltig,* empfiehlt sich:

30 g Birkenblätter
30 g Brennessel
20 g Echte Kamille
20 g Eisenkraut
30 g Hibiscus syriacus

20 g Ixora chinensis
30 g Pfefferminze
20 g Vogelknöterich
10 g Wegwarte

Zubereitung wie oben, aber nur 10 Minuten ziehen lassen. Täglich vier bis fünf Tassen heiß trinken.

Bei *Mischhaut* eignet sich:

10 g Eisenkraut
30 g Malvenblüten
20 g Pfefferminze
20 g Rodula aquatica
30 g Römische Kamille
20 g Rosmarin
10 g Selaginella tamariscina

Zubereitung wie oben. Dreimal täglich eine Tasse lauwarm trinken.

Mischhaut erkennt man daran, daß die Haut um Augen und Mund trocken ist, während die Haut der Stirne, Nase und des Kinnbereichs viel Fett absondert. Die Haut ist dort dann zu stark fettend, wenn ein aufgelegtes Löschblatt nach drei bis vier Sekunden fettig glänzt.

Kräutertee bei *trockener und empfindlicher Haut:*

20 g Ixora chinensis
20 g Labkraut
20 g Pfefferminze
10 g Ringelblume
30 g Schafgarbe
10 g Sida cordifolia
20 g Tausendguldenkraut

Zubereitung wie oben. Drei- bis viermal täglich eine Tasse lauwarm trinken.

Nach etwa zwei bis drei Wochen zu folgendem *Tee* übergehen:

10 g Ixora chinensis

10 g Homonoya riparia
30 g Pfefferminze
20 g Rosenblätter
30 g Schafgarbe
20 g Selaginella tamariscina

Zubereitung und Anwendung wie oben.

Bei *besonders empfindlicher Haut* gilt als erste Maßnahme: Die Haut nicht nur mit weichem Wasser waschen. Wesentlich ist auch die Ernährung. Beinhaltet sie weder Schweinefleisch noch scharfe Soßen, Süßigkeiten oder Alkohol, schont sie die sensible Haut. Es sollten auch alle Gewürze, die die Haut reizen, vermieden werden. Das gilt vor allem für jede Art von Pfeffer, Paprika und für Kochsalz.

Hinsichtlich der allgemeinen Pflege wirkt abendliches Auflegen von zuvor mit lauwarmem Wasser angefeuchteten Kamillenbeuteln auf die sehr empfindlichen Stellen Stirne, Nase und Wangen wohltuend.

Zur inneren Anwendung ist folgender *Tee* ratsam:

20 g Hibiscus syriacus
20 g Königskerzenblüten
30 g Malvenblüten
30 g Römische Kamille
20 g Rosmarin

Zubereitung wie oben, jedoch 30 Minuten ziehen lassen. Dreimal täglich eine Tasse lauwarm trinken.

Nach zwei bis drei Wochen zu diesem *Tee* übergehen:

30 g Brombeerblätter
20 g Flagellaria indica
30 g Himbeerblätter
20 g Schwarze Johannisbeerblätter

Zubereitung wie oben, aber 20 Minuten ziehen lassen. Dreimal täglich eine Tasse lauwarm trinken.

Nach drei Wochen ist es gut, zu folgendem *Tee* zu wechseln:

20 g Birkenblätter

20 g Brennessel
20 g Holunderblüten
20 g Pandanus luconensis
30 g Schlehdornblüten
20 g Selaginella tamariscina

Zwei Teelöffel der Mischung kurz aufkochen, dann 20 Minuten ziehen lassen. Drei- bis viermal täglich eine Tasse trinken.

Geht die empfindliche Gesichtshaut mit *Stoffwechselstörungen* und *Verstopfung* einher, empfiehlt sich:

30 g Faulbaumrinde
40 g Fenchel
20 g Ixora chinensis
20 g Leinsamen
30 g Pfefferminze

Zubereitung wie oben. Zweimal täglich eine Tasse lauwarm trinken, eventuell mit Honig süßen.

Ist die Haut durch *Leberfunktionsstörungen* empfindlich geworden:

40 g Fenchel
30 g Löwenzahnwurzel
20 g Mariendistel
20 g Sida acuta
20 g Wegwarte

Zubereitung wie oben. Vier- bis fünfmal täglich eine Tasse lauwarm trinken.

Nach zwei bis drei Wochen sollte umgestellt werden auf:

30 g Birkenblätter
30 g Brennessel
20 g Eriusena chinensis
20 g Faulbaumrinde
20 g Holunderblüten
10 g Mariendistel

Zwei Teelöffel der Kräutermischung mit kochendheißem Wasser überbrühen, 10 Minuten ziehen lassen, dann abseihen. Drei- bis viermal täglich eine Tasse trinken.

Schönheit des Halses

Die Pflege der Haut im Bereich des Halses wird oft wenig beachtet. Deswegen hinterlassen die Jahre hier besonders deutliche Spuren. Viele Frauen wissen nicht, wie wichtig die Pflege der Haut des Halses ist.

Die empfohlenen Cremes sollen vom Halsansatz unter dem Kinn bis zum Brustansatz im Uhrzeigersinn eingerieben werden.

Pflegecreme:

5 g Bienenwachs
10 g Honig
3 g Kamillenöl
10 g Olivenöl
5 g Rosenöl
mit Salbengrundlage auf 100 g auffüllen.

Das Bienenwachs im kochenden Wasserbad schmelzen und mit den übrigen Zutaten gut verrühren. Dann die Creme sanft in die Haut einmassieren, nach zwei bis drei Stunden den Cremeüberschuß vorsichtig mit einem Wattebausch abtupfen. (Bitte beachten: Der Aufbewahrungsort für die Creme darf nicht zu warm sein.)

Falten am Hals kann man durch einen *Kräutertee* auch innerlich vorbeugen:

10 g Anisomeles indica
20 g Faulbaumrinde
10 g Fenchel
30 g Lindenblüten

40 g Römische Kamille
20 g Spitzwegerich

Zwei bis drei Teelöffel der Mischung in einem Viertelliter Wasser kurz aufkochen und 15 Minuten ziehen lassen, dann abseihen. Je eine Tasse schluckweise vor den Mahlzeiten trinken.

Nach zwei bis drei Wochen umstellen auf:

20 g Bockshornklee
10 g Calotropis gigantea
10 g Fenchel
30 g Lindenblüten
40 g Römische Kamille
20 g Weiße Schafgarbe

Den Tee 20 Minuten ziehen lassen, sonst wie oben.

Bevor tiefe Hautfalten am Hals entstehen, sollte folgende *Creme* morgens und abends einmassiert werden:

5 g Aprikosenöl
10 g Lanolin
2 g Kamillenöl
10 g Mandelöl
Salbengrundlage auf 50 g auffüllen.

Zusätzlich sei dieser folgende *Tee* empfohlen:

40 g Ackerschachtelhalm
10 g Desmodium triflorum
10 g Micromelum compressum
40 g Römische Kamille
20 g Spitzwegerich
30 g Wacholderspitzen

Mit zwei Teelöffeln davon und einem Viertelliter Wasser einen Aufguß bereiten, den man 15 Minuten ziehen läßt. Abseihen. Je eine Tasse schluckweise vor den Mahlzeiten trinken.

Nach drei bis vier Wochen umstellen auf:

20 g Centella asiatica

20 g Holunderblüten
30 g Kamillenblüten
20 g Weißdornblüten
10 g Veilchenblüten

Zubereitung und Anwendung wie oben.

Von »Akne« bis »Weißfleckenkrankheit« – Hautprobleme und Hauterkrankungen (alphabetisch)

Wenn Funktionsstörungen der Haut beziehungsweise Störungen oder Erkrankungen in anderen Körperbereichen sich durch Hautveränderungen wie Ausschläge und ähnliches äußern und die Haut unansehnlich werden lassen, können Teemischungen (und Salben) in manchen Fällen eine Heilung herbeiführen. Bei schweren Hautstörungen bilden sie eine wirkungsvolle Ergänzung und Unterstützung der sonstigen Behandlung.

Akne

Der Krankheitsbegriff der Akne ist allgemein bekannt, denn sie ist ein verbreitetes Problem. Während und auch einige Jahre nach der Pubertät treten plötzlich im Gesicht Eiterpickel auf. Die bevorzugten Stellen sind Stirn, Kinn sowie Brust und Rücken. Das Wort *Akne* entstammt dem Griechischen und bedeutet *Spitze* oder *Höhepunkt,* auch *Blüte, volle Reife.* Fast 85 Prozent der Jugendlichen sind während der Pubertät von dieser *Acne juvenilis* betroffen. Geringe Symptome der Krankheit gelten noch als *normal.* Dennoch sollten auch geringe Anzeichen behandelt werden, um eine mögliche spätere Narbenbildung zu verhindern. Bei Mädchen tritt Akne häufig ein Jahr vor der ersten Periode auf.

Akne wird durch bestimmte (androgene) Hormone hervorgerufen, die die Talgdrüsen übermäßig anregen. Aber erst, wenn eine

Reihe weiterer Faktoren hinzukommt, wird Akne ausgelöst. Am meisten betroffen sind Stellen, an denen viele Talgdrüsen sitzen. Zuerst zeigen sich Mitesser, aus denen sich Pusteln und Knoten entwickeln, die schließlich zu Abszessen und Furunkeln werden können.

Die Entstellung des Gesichts durch Akne bedeutet für die Betroffenen meist eine große psychische Belastung. Vor allem junge Mädchen versuchen sich in ungeduldiger Selbsthilfe und zerkratzen sich dabei förmlich das Gesicht. Und dies ist die große Gefahr, denn je mehr gekratzt wird, desto tiefere Narben entstehen.

Die eigentlichen Ursachen der Akne sind noch ungeklärt. Meistens ist der Talgspiegel deutlich erhöht. Es wird jedoch vermutet, daß Aknepatienten besonders stark auf androgene Hormone ansprechen. Drei bis vier Jahre nach Ende der Pubertät heilt die Akne meistens von selbst aus.

Wir unterscheiden mehrere, voneinander verschiedene Formen der Akne. Allgemein meinen wir mit *Akne (Acne vulgaris)* meist eine von innen her ausgelöste Hautstörung mit den genannten Symptomen. Die Einnahme bestimmter Stoffe oder die ständige Berührung mit manchen Substanzen kann ebenfalls zu Akne führen, so etwa Medikamente, wie Kortison, unverträgliche Antibiotika oder halogenhaltige Mittel (Brom, Jod, Fluor und Chlor). Ebenso kann ein Übermaß an Vitamin D Akne provozieren. Dasselbe trifft auf Vitamine der B-Gruppe (B_6 und B_{12}) zu. Äußere Ursachen, wie Kontaktgifte – zum Beispiel DDT, Kosmetika, Konservierungsmittel und schlecht zusammengestellte Salben *(Pomadenakne)* – kommen ebenso in Betracht.

Bei mechanischer Reizung des Gesichts, etwa durch grobe Schwämme oder Reinigungsmittel, kann *Acne mechanica* entstehen. Frauen leiden mitunter an einer Sonderform der Akne, der *androgenetischen Akne.* Sie tritt hauptsächlich zwischen dem 24. und 36. Lebensjahr auf. Begleiterscheinungen sind Haar- und Libidoverlust. Bei dieser Form der Akne ist hauptsächlich die Gegend um Stirn, Mund und Nase betroffen.

Kinder weisen manchmal eine Art der Akne auf, die durch unsachgemäße Pflege mit zu starken Salben oder beim Stillen durch mütterliche Hormone ausgelöst wird. Diese Art bildet sich meist nach einem halben Jahr zurück.

Wie bei vielen anderen Krankheiten liegt die Ursache der Akne wohl nicht in einem einzigen Faktor, sondern in einer ganzen Gruppe einzelner Faktoren. Zu den wichtigsten davon zählen: Hormone, Vererbung, Bakterien, Mikroben, Talg- und Verhornungsanomalien. Ohne übermäßige Talgproduktion kann jedenfalls keine Akne entstehen. Die Haut der Aknekranken ist starkfettig. Den einfachsten Nachweis dafür liefert ein leicht gegen die Stirn gedrücktes Löschpapier. Binnen kurzem entsteht ein Fettabdruck auf dem Papier. Wird die übermäßige Talgbildung unterbunden, ist der Akne der Nährboden entzogen.

Eines der bedeutendsten Hormone im Zusammenhang mit Akne ist das männliche Hormon *Testosteron*. Je mehr Testosteron produziert wird, desto mehr nimmt die Talgbildung zu.

Bis zu einem gewissen Ausmaß ist die Akneneigung erblich. Das betrifft die Ansprechbarkeit auf Testosteron, die Neigung zur Mitesser-Produktion oder die Neigung zu großporiger Haut. So kann das Hautbild in bezug auf Mitesser bei Mutter und Tochter sehr ähnlich sein.

Einige Behandlungsmöglichkeiten der Akne

Bei der Therapie von Akne-Erkrankungen bestehen mehrere Möglichkeiten. So können die Mitesser mit einem sterilen Instrument ausgedrückt werden. Dies sollte man jedoch einer ausgebildeten Kosmetikerin überlassen. Vor mechanischen Eingriffen ist es vorteilhaft, die Mitesser aufzuweichen, etwa durch eine Heißluftbehandlung oder mit Hilfe einer Salicylsäurecreme.

Wichtig bei Akne ist eine gründliche Reinigung der Haut. Zweimal täglich sollte die Haut mit einem alkalifreien Waschmittel gewaschen werden, verstärkt durch ein Desinfektionsmittel, um das Bakterienwachstum zu hemmen. Mit lehmartiger Heilerde darf die Haut mit Hilfe der Fingerkuppen sanft abgeschmirgelt werden. Dadurch verhindert man das Aufkratzen der Haut mit den Fingernägeln. Um auffällige Rötungen zu verdecken, empfiehlt es sich, hautfarbene Lösungen und Schüttelmixturen oder hautfarbene Puder aufzutragen. Schüttelmixturen sollten in erster Linie zweiprozentige *Salizylsäure,* einprozentiges *Esocin* oder vierprozentiges *Ichthyol* oder fünfprozentigen *Schwefel* enthalten (Schwefel wirkt leicht desinfizierend).

Die lokale Anwendung von *Ozon*präparaten ist nur in bestimmten Ausnahmefällen notwendig. In schweren Fällen von *Acne vulgaris* haben sich Anti-Androgene in niedriger Dosierung bewährt. Bei großflächiger Vereiterung empfiehlt es sich, in Absprache mitdem Arzt ein Antibiotikum mit breitem Wirkungsbereich einzunehmen.

Bei aufbrechenden Eiterpusteln können Antibiotika wirken, die den antiobiotischen Stoff Tetracyclin, Teramycin oder Clindamycin enthalten. (In seltenen Fällen löst die Anwendung von Tetracyclin einen allergischen Fieberschub aus. Durch Absetzen des Antibiotikums geht das Fieber nach ein bis zwei Tagen zurück. Ebenso ist es möglich, daß bei einer Allergie auf Tetracycline akneartige Zustände auftreten. In diesen Fällen sollte auf ein anderes Antibiotikum, am besten auf Erythromycin, umgestellt werden.) Tagsüber sollten hautfarbene Pasten und Cremes aufgetragen werden, die einen bestimmten Anteil Schwefel und Desinfektionsmittel, wie Hexachlorophen, enthalten.

Sonnenstrahlen, natürlich oder künstlich, wirken desinfizierend auf die obersten Hautschichten. Dadurch ließe sich auch die Talgproduktion bremsen. Wegen der Verhärtung der elastischen Bindegewebsfasern, die sich in der Unterhaut befinden, setzte sich die Bestrahlung mit Höhensonnenlicht aber kaum richtig durch. In manchen Fällen kann UV-Bestrahlung jedoch sehr nützlich sein.

In seltenen Fällen bewerten Patienten die Akne über. Bei starker Übertreibung kann es sich um Depression oder auch um Schizophrenie handeln, die mit den körperlichen Symptomen der Akne einhergeht. Solche Patienten stehen oft stundenlang vor dem Spiegel und drücken vermeintliche Aknepusteln aus. Sie berichten, daß sich ihr Aussehen verschlechtert habe, sie sich im Spiegel nicht mehr ansehen könnten und unter allen Umständen von ihrer Akne befreit werden müßten. Darin kann sich auch die Angst vor einer Akne äußern, die gar nicht vorhanden ist. Diese Patienten werden meist sehr ungehalten, wenn Bekannte, Freunde und auch Ärzte keine Akne feststellen können. In Fällen, in denen Akne psychisch überbewertet wird, empfiehlt sich eine längerfristige Psychotherapie.

Eine weitere, sehr unangenehme Akneform ist die *Acne conglobata.* Darunter verstehen wir eine Aknebildung mit Abszessen, Fisteln und eitrigen Pusteln, die zu starken Narben führen können. Hauptsächlich kommt die *Acne conglobata* bei männlichen Personen zwischen dem 16. und 35. Lebensjahr vor. Von dieser Form der Akne sind die Oberarme, die Achselhöhlen, das Gesäß und die Kreuzbeingegend betroffen. Tiefliegende Eiterherde müssen chirurgisch versorgt werden – jedoch mit größter Vorsicht, um keine lang sichtbaren Narben entstehen zu lassen.

Wenn eine Behandlung mit *Vitamin-A-Säure* durchgeführt wird, ist darauf zu achten, daß hellhäutige, blonde und blauäugige Patienten nicht zu oft Vitamin-A-Säure im Gesicht auftragen (Menschen mit dunklerer Haut- und Haarfarbe vertragen höhere Dosen). Denn die Wirkung von Vitamin-A-Säure führt nach einer Woche zu starker Hautreizung. Nach der dritten Woche schuppt die Haut ab.

Nach fünf bis sechs Wochen stellen sich die ersten sichtbaren Erfolge ein. Um jedoch eine Langzeitwirkung zu erreichen, muß die Behandlung mit Vitamin-A-Säure mindestens acht Monate andauern.

In Fällen von stark ausgeprägter Akne hat es sich bewährt, die Haut unter lokaler Betäubung mit mechanischen Fräsen abzuschleifen. Einige Hautärzte haben sich mit dieser Behandlungsmethode vertraut gemacht. Es bedarf aber großer Erfahrung, um bleibende Hautschäden zu vermeiden.

Akne und Ernährung

Das Problem der Ernährung läßt sich nicht so ohne weiteres befriedigend beantworten. Gerade in den letzten Jahren wurde die Diätbehandlung immer umstrittener. In manchen Fällen kann eine laktovegetabile Lebensweise Erfolg zeigen. In anderen Fällen hat sich eine milch- und eiweißarme Diät bewährt. Jeder Aknekranke sollte am besten selbst herausfinden, welche Nahrungsmittel für ihn gut sind.

Einige Rezepte zur äußerlichen Aknebehandlung

Einreibung zur Desinfektion der Haut bei Akne:

10 g Pfefferminzöl
10 g Salbeitinktur
mit 70prozentigem Alkohol auf 100 g auffüllen.

Ein Wattestäbchen mit der Mischung tränken und die betroffenen Stellen betupfen.

Als *Aknecreme* hat sich folgende Mischung besonders bewährt:

30 g Hefe
10 g Mandelöl
5 g Ringelblumenöl
mit Basunguent® auf 50 g auffüllen.

Die Hefe zerbröckeln und knollenfrei in das Mandelöl einrühren. Dann die Salbengrundlage Basunguent® zugeben. Nach der abendlichen Gesichtsreinigung diese Creme auf die betroffenen Hautstellen auftragen.

Über Nacht einwirken lassen und am Morgen lauwarm abspülen.

Johanniskraut-Creme

20 g Bienenhonig
10 g Hamameliswasser
20 g Johanniskrautöl
mit Basunguent® auf 100 g auffüllen.

Das Johanniskrautöl mit Hamameliswasser und Bienenhonig vermengen. Mit einem Rührgerät zusammen mit der Salbengrundlage durchrühren.

Heilende Pflegesalbe bei Akne

10 g Bienenhonig
20 g Beinwellwurzeln (gehackt)
30 g Olivenöl
3 g Pfefferminzöl
10 g Rosenwasser
3 Zwiebeln (geschält)
mit Salbengrundlage auf 100 g auffüllen.

Die gehackten Beinwellwurzeln in Wasser aufkochen, danach auspressen und die Wurzelreste entfernen. Die Zwiebeln zerkleinern, mit Olivenöl vermischen und über Nacht stehenlassen. Den so entstandenen Öl-Zwiebel-Auszug mit den restlichen Zutaten zu einer Salbe verrühren. Tragen Sie diese Salbe auf die befallenen Hautpartien auf und lassen Sie sie über Nacht einwirken. Am Morgen mit einem feuchten Tuch abwischen.

Ebenso empfiehlt sich über Nacht ein *Umschlag* mit Wattebäuschen, die mit folgendem Absud getränkt sind:

20 g Echte Kamille
10 g Malvenblüten
20 g Rosenblätter
30 g Salbei

Zwei Eßlöffel der Kräutermischung mit einem Viertelliter kochendem Wasser aufgießen, zehn Minuten ziehen lassen, dann die Watte damit durchtränken.

Lehmpackung

Bei *schwerer Akne* ist es vorteilhaft, an drei bis vier Tagen hintereinander eine *Lehm-Packung* aufzulegen. Man verwendet dazu ein halbes Kilogramm getrockneten, pulverisierten und sterilen Lehm. Besonders wirksam ist Lehm, der aus blaugrauem Schiefer entsteht. Fünfhundert Gramm dieses Lehms werden mit zehn Milliliter Essigwasser zu einem zähflüssigen Brei verrührt. Dann trägt man diese Lehmmasse in dicker Schicht (zwei bis drei Zentimeter) auf die von Akne befallenen Stellen auf. Die Lehmpackung etwa zwanzig Minuten wirken lassen, bis der Lehm trocken wird und von selbst abbröckelt. Anschließend mit kaltem, weichem Wasser, dem eine Spur Essig beizufügen ist, abwaschen.

Solche Lehmpackungen führen bei regelmäßiger (mindestens einmal wöchentlicher) Anwendung bald zu einem sichtbaren Ergebnis. Der erste Erfolg zeigt sich schon nach dem vierten oder fünften Mal.

Kräutertees bei Akne:

Rezept 1

30 g Ackerschachtelhalm
20 g Birkenblätter
20 g Brennesselblätter
15 g Hagebutten
30 g Löwenzahnblätter

Zwei Teelöffel der Mischung mit einem Viertelliter kochendem Wasser übergießen und zehn Minuten ziehen lassen. Dann abseihen. Dreimal täglich schluckweise eine Tasse trinken.

Rezept 2

20 g Callicarpa caudata
20 g Faulbaumrinde
20 g Fenchelfrüchte
30 g Hibiskusblüten
30 g Kamillenblüten
10 g Pfefferminzblätter
20 g Stiefmütterchenkraut
10 g Tausendguldenkraut

Zubereitung und Anwendung wie oben.

Rezept 3

30 g Ackerschachtelhalm
20 g Birkenblätter
25 g Faulbaumrinde

20 g Hauhechelwurzel
10 g Leucas aspera
20 g Samadera indica

Zubereitung und Anwendung wie oben/Rezept 1.

Rezept 4

20 g Birkenblätter
20 g Brennesselblätter
30 g Goldrutenkraut
30 g Hagebutten
15 g Löwenzahnwurzel
10 g Tetragonia tetragonioides

Zubereitung und Anwendung wie oben.

Rezept 5

30 g Bohnenhülsen
20 g Celosia argentea
20 g Holunderblüten
10 g Katzenpfötchen
20 g Pfefferminzblätter
10 g Sennesblätter

Zubereitung und Anwendung wie oben.

Rezept 6

15 g Birkenblätter
20 g Fenchelfrüchte
20 g Hagebutten
20 g Lindenblüten
15 g Stiefmütterchenkraut
10 g Tamarinde

Zubereitung und Anwendung wie oben.

Rezept 7

30 g Anacardium occidentale
30 g Birkenblätter
30 g Brennessel
10 g Faulbaumrinde
30 g Holunderblüten
10 g Schlehdornblüten

Zubereitung und Anwendung wie oben.

Rezept 8

20 g Bachbunge
30 g Gundelrebe
20 g Löwenzahn
20 g Mastocium indicum
30 g Schafgarbe

Zubereitung und Anwendung wie oben.

Rezept 9

20 g Birkenblätter
20 g Pfefferminze
30 g Schafgarbe
20 g Stiefmütterchen
30 g Tausendguldenkraut
20 g Tetragonia tetragonioides

Zubereitung und Anwendung wie oben.

Rezept 10

10 g Anis
20 g Faulbaumrinde
20 g Kamille
10 g Kümmel
20 g Passiflora quadrangularis

Zubereitung und Anwendung wie oben.

Rezept 11

20 g Attichwurzel
30 g Brennessel
10 g Celosia argentea
10 g Erdbeerblätter
20 g Faulbaumrinde
20 g Holunderblüten
10 g Mistel
30 g Schlehdorn

Zubereitung und Anwendung wie oben.

Rezept 12

20 g Brennessel
10 g Erdrauch
30 g Löwenzahnwurzel
20 g Salbei
30 g Schafgarbe
30 g Tausendguldenkraut
20 g Urena lobata

Zubereitung und Anwendung wie oben.

Rezept 13

20 g Celosia argentea
20 g Goldrute
10 g Holunderblüten
20 g Katzenpfötchen
20 g Pfefferminzblätter
10 g Sandelholz
20 g Stiefmütterchen

Zubereitung und Anwendung wie oben.

Rezept 14

20 g Erdrauch
20 g Faulbaumrinde
20 g Rosmarin
30 g Schafgarbe
20 g Schlehdornblüten
20 g Tetragonia tetragonioides

Zubereitung und Anwendung wie oben.

Rezept 15

10 g Blutwurz
20 g Echte Kamille
20 g Mastocium indicum
30 g Quecke
30 g Rosmarin

Zubereitung und Anwendung wie oben.

Rezept 16

30 g Birkenblätter
20 g Klettenwurzel
30 g Römische Kamille
20 g Samadera indica
30 g Schafgarbe

Zubereitung und Anwendung wie oben.

Beruht die Akne hauptsächlich auf *Darmstörungen,* hilft folgender Tee:

30 g Echte Kamille
30 g Faulbaumrinde
10 g Pisonia aculeata
40 g Salbei
10 g Sennesblätter
10 g Tausendguldenkraut

Zwei Teelöffel dieser Mischung mit einem Viertelliter kochendheißem Wasser übergießen, 15 Minuten ziehen lassen, abseihen. Dreimal täglich eine Tasse schluckweise trinken.

Beruht Akne hauptsächlich auf *Störungen im nervösen Bereich,* empfiehlt sich:

20 g Faulbaumrinde
30 g Melisse
20 g Orangenschalen
30 g Passiflora incarnata
20 g Tagetes erecta

Zubereitung und Anwendung wie oben.

Ist die Akne vor allem auf *Funktionsstörungen der Leber* zurückzuführen:

30 g Echte Kamille
20 g Fenchel
30 g Mariendistel
20 g Salbei
20 g Terminalia catappa

Zubereitung und Anwendung wie oben.

Bei Akne aufgrund *hormoneller Störungen in der Pubertät:*

20 g Cimicifuga racemosa
20 g Hopfen
30 g Passiflora incarnata
30 g Quisqualis indica
20 g Spitzwegerich

Zubereitung wie oben, dreimal täglich eine Tasse warm trinken.

Alternde Haut

Das Altern der Haut geht normalerweise in Stufen oder Etappen vor sich. Mit 25 Jahren können sich bereits die ersten Falten um Mund *(Lachfalten)* und Augen *(Krähenfüße)* zeigen. Um 30 Jahre sind die Nasolabialfalten schon deutlich ausgeprägt. Mit 35 Jahren werden die ersten Stirnfalten sichtbar und beim Lachen oder bei erhöhter Aufmerksamkeit die ersten tiefen Furchen im Gesicht. Mit 40 Jahren entstehen die ersten tiefen Falten am Hals. Bei entsprechender Veranlagung bilden sich auch Tränensäcke. Mit 45 Jahren kann eine Neigung zum Doppelkinn plötzlich deutlich sichtbar werden. Mit 50 sind bereits hinter den Ohren Falten und Runzeln aufgetreten. Mit 60 und 70 Jahren sind die Falten schon so ausgeprägt, daß eine vorbeugende Behandlung meist erfolglos ist.

Das Auftreten von Falten läßt sich durch eine gesunde Lebensweise jahrelang hinauszögern. Besonders wichtig ist eine kalorienarme Ernährung, die viele Vitamine und Spurenelemente enthält. Ergänzend und unterstützend kann auch folgender *Kräutertee* helfen, die Faltenbildung zu verlangsamen:

30 g Birkenblätter
30 g Brennessel
10 g Bruchkraut
10 g Calotropis gigantea
10 g Goldrute
20 g Pfefferminzblätter
10 g Pisonia aculeata
40 g Römische Kamille
10 g Tetragonia tetragonioides

Zwei Teelöffel davon in einem Viertelliter Wasser zwei bis drei Minuten kochen und 20 Minuten ziehen lassen, abseihen. Täglich vier bis fünf Tassen schluckweise trinken.

Zusätzlich empfiehlt sich folgende *Creme:*

10 g Beinwellwurzelöl
10 g Bienenhonig
10 g Bienenwachs
15 g Rosenöl
20 g Weizenkeimöl
mit Salbengrundlage auf insgesamt 100 g auffüllen.

Das Bienenwachs im kochenden Wasserbad schmelzen (aber darauf achten, daß es nicht zu heiß wird) und mit allen übrigen Zutaten gut verrühren. (Diese, falls nötig, vorher leicht erwärmen – schonender erfolgt die Zubereitung jedoch ohne Erwärmen.) Die Creme abends auf das gereinigte Gesicht auftragen, 20 Minuten einziehen lassen, dann den Überschuß sanft mit einem Kosmetiktuch entfernen und die Creme über Nacht wirken lassen. Durch ihren Gehalt an Beinwellwurzelöl fördert sie die Regeneration der Haut. Vitamin E – im Weizenkeimöl – hält die Haut elastisch und beugt der Faltenbildung vor.

Nach zwei bis drei Wochen wird ein anderer *Tee* verwendet:

30 g Birkenblätter
15 g Centella asiatica
20 g Gartenraute
5 g Heidekraut
15 g Hirtentäschelkraut
20 g Pfefferminz
20 g Schlehdorn
30 g Weiße Schafgarbe

Zubereitung und Anwendung wie bei obigem Teerezept.

Die Haut zusätzlich mit folgender *Creme* sanft einreiben:

15 g Bienenhonig
3 g Kamillenöl
10 g Maiskeimöl
2 g Pfefferminzöl
5 g Rosenöl
mit Salbengrundlage auf 100 g auffüllen.

Alle Zutaten (gegebenenfalls leicht erwärmt) miteinander verrühren. Anwendung wie bei obigem Cremerezept.

Das Maiskeimöl hat eine besonders pflegende und die Regeneration unterstützende Wirkung auf die Haut.

Nach zwei bis drei Wochen umstellen auf diesen *Tee:*

10 g Baldrianwurzel
30 g Centella asiatica

10 g Gartenraute
5 g Heidekrautblüten
10 g Hirtentäschelkraut
20 g Hopfenzapfen
20 g Melissenblätter
30 g Römische Kamille

Zubereitung und Anwendung wie oben.

Zusätzlich folgende *Salbe:*

10 g Avocadoöl
20 g Bienenhonig
10 g Karottenöl
5 g Weizenkeimöl
mit Salbengrundlage auf 100 g auffüllen.

Zubereitung und Anwendung wie oben. Das Karottenöl hat eine speziell verjüngende, das Weizenkeimöl eine regenerierende Eigenschaft. Die Creme wirkt vorbeugend gegen Falten und die Neigung zu Rissen.

Nach zwei bis drei Wochen umstellen auf einen weiteren *Tee:*

20 g Birkenblätter
10 g Enzianwurzel
10 g Lavendel
10 g Plumeria acuminata
30 g Römische Kamille
10 g Rosmarin
20 g Salbei
10 g Vernonia cinerea

Zubereitung und Anwendung wie oben.

Dazu paßt diese *Creme:*

10 g Hamamelisöl
3 g Pfefferminzöl
10 g Reisöl
5 g Rosenöl
20 g Sojaöl

15 g Weizenkeimöl
mit Salbengrundlage auf 100 g auffüllen.

Zubereitung und Anwendung wie oben. Die regenerierende Eigenschaft dieser Creme ist bestens bewährt. Hamamelis sorgt für Pflege und Verträglichkeit.

Nach drei bis vier Wochen umstellen auf folgenden *Tee:*

20 g Ackerschachtelhalm
30 g Birkenblätter
20 g Brennessel
15 g Calotropis gigantea
10 g Cordia dichotoma
20 g Faulbaumrinde
10 g Kalmus
30 g Römische Kamille
15 g Wegwarte

Zubereitung und Anwendung wie oben.

Eine zusätzliche *Creme:*

3 g Kamillenöl
5 g Rosenöl
5 g Sesamöl
10 g Sojaöl
10 g Thymianöl
mit Salbengrundlage auf 100 g auffüllen.

Zubereitung und Anwendung wie oben. Vor allem die Inhaltsstoffe des Thymianöls kräftigen die Haut. Abends eincremen, am Morgen mit weichem Wasser und Zitronensaft abwaschen.

Noch ein Wort zu *Körpergewicht und Ernährung:*

Um die Faltenbildung möglichst lange hinauszuzögern, sollte auch die tägliche Nahrungsmenge reduziert werden. Vom 35. bis 40. Lebensjahr an ist es ratsam, die Nahrungsmenge um ein Viertel herabzusetzen. Erstrebenswert sind 1 300 Kalorien pro Tag. Diese Kalorienmenge erleichtert es, das Idealgewicht zu halten. Zur Vorbeugung gegen Falten ist es besonders wichtig, daß Gewichtsverlust und -zunahme nie radikal erfolgen. So darf sich zum Beispiel bei einer Schwangerschaft das Körpergewicht nicht um mehr als zehn bis zwölf Kilogramm erhöhen. Bei einer Abmagerungskur sollte das Gewicht nicht um mehr als ein halbes Kilogramm pro Woche verringert werden. Ständiger Gewichtswechsel führt zu frühzeitigem Altern der Haut.

Der Faltenbildung im Gesicht läßt sich am besten mit laktovegetabiler Kost entgegenwirken. Wem diese Ernährungsform nicht liegt, sollte mindestens einmal pro Woche einen Reis- oder Apfeltag einlegen. Die darm- und blutreinigende Wirkung des Apfels ist ja bekannt. Notwendig ist es auch, auf eine tägliche Mindestmenge von Vitamin C, E und B zu achten. Ebenso sollte *einmal im Monat* zur *Blutreinigung* und *Entschlackung* folgender *Tee* getrunken werden:

30 g Ackerschachtelhalm
20 g Brennessel
30 g Faulbaumrinde
10 g Melothria indica
40 g Römische Kamille
10 g Sennesblätter

Zubereitung und Anwendung wie oben.

Es empfiehlt sich, jeden Abend folgende *Creme* aufzutragen:

5 g Basilikumöl
10 g Jojobaöl
10 g Sojaöl
5 g Weizenkeimöl
mit Salbengrundlage auf 100 g auffüllen.

Die Creme wie vorher beschrieben zubereiten und anwenden. Sie wirkt antiseptisch, ebenfalls regenerierend und vorbeugend gegen Falten.

Nach drei- bis vierwöchiger Anwendungszeit umstellen auf diese *Creme:*

5 g Basilikumöl
5 g Beinwellöl
10 g Bienenhonig

10 g Bienenwachs
10 g Olivenöl
10 g Weizenkeimöl
mit Salbengrundlage auf 100 g auffüllen.

Zubereitung und Anwendung wie oben, jedoch vor dem Verrühren der Zutaten das Bienenwachs im kochenden Wasserbad schmelzen.

Wöchentlich einmal sollte zur *Vorbeugung gegen Falten* folgender *Tee* getrunken werden:

20 g Alpen-Frauenmantel
10 g Centella asiatica
20 g Johanniskraut
10 g Mirabilis jeraba
10 g Pfefferminze
10 g Phyllanthus nirochi
10 g Plumeria acuminata
30 g Römische Kamille

Zubereitung und Anwendung wie oben.

Äußerlich dazu diese *Creme* auftragen:

10 g Ackerschachtelhalmöl
15 g Bienenwachs
5 g Johanniskrautöl
10 g Rosenöl
10 g Weizenkeimöl
mit Salbengrundlage auf 100 g auffüllen.

Zubereitung und Anwendung wie oben. Durch das Ackerschachtelhalmöl gelangen Kieselsäure, Kalzium, Phosphor und Vitamine in die Ober- und Unterhaut, dadurch kann die Haut länger Feuchtigkeit halten. Sie wird straff und elastisch.

Nach zwei bis drei Wochen die Zusammenstellung der *Creme* ändern:

5 g Ananasöl
3 g Kamillenöl
10 g Rosenöl

10 g Weizenkeimöl
mit Salbengrundlage auf 100 g auffüllen.

Alle Zutaten gut miteinander verrühren, Anwendung wie oben. Das Ananasöl enthält *Bromelin* und wirkt straffend auf die elastischen Fasern im Unterhautbindegewebe.

Gleichzeitig empfiehlt sich die Umstellung auf folgenden *Tee:*

20 g Ackerschachtelhalm
20 g Birkenblätter
10 g Brennessel
15 g Centella asiatica
10 g Lavendel
40 g Römische Kamille
5 g Rosmarin
15 g Tamarinde
10 g Terminalia catappa

Zubereitung und Anwendung wie oben.

Nach zwei bis drei Wochen zu diesem *Tee* übergehen:

10 g Acalypha indica
20 g Birkenblätter
20 g Bruchkraut
30 g Hirtentäschelkraut
10 g Blumea balsamifera
40 g Römische Kamille
10 g Tetragonia tetragonioides

Zubereitung und Anwendung wie oben.

Die Haut zusätzlich mit folgender *Creme* pflegen:

10 g Avocadoöl
5 g Hopfenöl
3 g Kamillenöl
10 g Olivenöl
3 g Pfefferminzöl
5 g Rosenöl
mit Salbengrundlage auf 100 g auffüllen.

Die angegebenen Substanzen sorgfältig miteinander verrühren. Die Creme täglich zweimal auftragen und lang einwirken lassen; wirkt regenerierend, aber ebenso auch vorbeugend gegen Falten.

Gegen *Krähenfüße* und *Lachfalten* hat sich folgender *Tee* bewährt:

20 g Birkenblätter
30 g Brennessel
30 g Faulbaumrinde
20 g Löwenzahn
10 g Plumeria acuminata
10 g Tamarinde
10 g Terminalia catappa

Zubereitung und Anwendung wie oben.

Eine weitere *Creme* dazu:

10 g Bienenhonig
5 g Hamamelisöl
5 g Kamillenöl
10 g Placenta-Extrakt
10 g Weizenkeimöl

Zubereitung und Anwendung wie oben.

Die Creme enthält das für die Haut wichtige Vitamin E und Spurenelemente.

Auch dieser *Tee* hilft:

10 g Echte Kamille
30 g Faulbaumrinde
20 g Kamillenblüten
10 g Lavendel
10 g Physalis minima
10 g Rosmarin
10 g Tetragonia tetragonioides
20 g Thymian

Zubereitung und Anwendung wie oben.

Zusätzliche *Creme:*

15 g Bienenwachs
3 g Kamillenöl
5 g Orangenblütenöl
10 g Sonnenblumenöl
mit Salbengrundlage auf 100 g auffüllen.

Das Bienenwachs im kochenden Wasserbad zum Schmelzen bringen und mit den übrigen Zutaten verrühren. Zweimal täglich auftragen und einwirken lassen. Die Creme wirkt gleichfalls vorbeugend gegen Falten, und sie hinterläßt keinen Fettglanz.

Altersflecken

Altersflecken kann man vorbeugen, wenn man folgenden *Tee* zu sich nimmt:

30 g Brennessel
20 g Ringelblumenblüten
30 g Römische Kamille

Zwei Teelöffel der Mischung in einem Viertelliter Wasser kurz aufkochen, dann 20 Minuten ziehen lassen. Zwei bis drei Tassen täglich lauwarm trinken.

Die Stellen, an denen die Altersflecken erscheinen, können auch zweimal täglich mit *Ringelblumensalbe* eingerieben werden. Nach drei bis vier Wochen sollte man statt der Ringelblumensalbe *Rosmarinsalbe* auftragen. Nach weiteren zwei bis drei Wochen kann man die Altersflecken mit *Hauswurztinktur* betupfen.

In sehr hartnäckigen Fällen von Altersflecken kann manchmal eine Kur mit Ozonblutwäsche helfen. Anschließend an die Ozonblutwäsche sollte eine Eigenblutbehandlung durchgeführt werden. Dies alles zu beurteilen, bleibt jedoch dem Facharzt überlassen.

Zur Nachbehandlung empfiehlt es sich, folgenden *Kräutertee* zu trinken:

20 g Alpen-Frauenmantel
10 g Argemone mexicana
30 g Brennessel
20 g Centella asiatica
40 g Frauenmantel
30 g Römische Kamille

Zwei Teelöffel der Kräutermischung mit einem Viertelliter kochendheißem Wasser überbrühen, eine Viertelstunde ziehen lassen, abseihen und lauwarm über den Tag verteilt trinken.

Sollten nach einem halben Jahr Altersflecken neuerlich auftreten, kann folgender *Tee* helfen:

20 g Ackerschachtelhalm
10 g Bauhinia tomentosa
30 g Birkenblätter
30 g Centella asiatica
30 g Schafgarbe
40 g Tausendguldenkraut

Zubereitung wie oben. Diesen Tee über den Tag verteilt lauwarm trinken.

Altershaut

Die ersten degenerativen Erscheinungen der Haut sieht man bereits zwischen dem 30. und 35. Lebensjahr. Alterserscheinungen der Haut sind von mehreren Faktoren abhängig. Vordergründig sind Lebensweise, Sonnenbestrahlung, Witterungsverhältnisse und klimatische Bedingungen. Auch der Hauttyp spielt eine große Rolle. Bei bestimmten Berufsgruppen zeigen sich die Alterserscheinungen der Haut besonders ausgeprägt, zum Beispiel bei in der Landwirtschaft Beschäftigten oder bei Bergführern.

Die Alterung der Haut macht sich besonders an den unbedeckten Körperstellen bemerkbar. An den Händen und Armen wirkt sich der Alterungsprozeß im Schwinden der Unterhautfettschicht aus. Die Haut wird dünn, faltig und reißt bei geringen Belastungen ein. Wenn zwischen zwei Fingern eine Hautfalte emporgehoben wird, bleibt die Hautfalte nach dem 30. Lebensjahr einige Augenblicke stehen, nach dem 50. und 60. Lebensjahr mindestens zwei bis drei Sekunden.

Altershaut ist trocken und weist oft ungleichmäßige Pigmentierung auf: Neben stark pigmentierten Stellen finden sich solche, die kaum pigmentiert sind.

Im Alter kommt es auch zu einer Veränderung des Blutbilds, vor allem zu einer Verminderung der Thrombozytenzahl, also der Zahl der Blutplättchen, im Blut. Dadurch treten leicht Hautblutungen auf, sogenannte Flecken, die bisweilen wochenlang bestehen bleiben können. Nimmt man im Alter starke Medikamente ein, zum Beispiel etwa Kortisonpräparate oder gefäßerweiternde Mittel, treten besonders häufig Hautblutungen auf, deren Male ebenfalls lange Zeit sichtbar bleiben.

Die gealterte Haut sollte regelmäßig von einem Hautfacharzt untersucht werden, um eine mögliche Entstehung von *Basaliomen* (Basalzellenkrebs, eine Hautkrebsart) rechtzeitig unter Kontrolle zu haben. Auch das *Stachelzellkarzinom* der Haut tritt im Alter vermehrt auf. Besonders dann, wenn sie jahrelang starker Sonnenbestrahlung ausgesetzt wurde.

Um eine vorzeitige Altershaut zu verhindern, empfiehlt es sich, zweimal täglich folgende *Salbe* aufzutragen:

1 g Arnikaöl
1 g Pfefferminzöl
20 g Placenta-Creme
mit Basunguent® auf 30 g Gesamtmenge auffüllen.

Kräutertee bei Altershaut:

10 g Acalypha indica
20 g Ackerschachtelhalm
20 g Bibernellwurzel
30 g Römische Kamille
20 g Salbei
10 g Schlehdornblüten
10 g Vitex negundo
30 g Weiße Schafgarbe
20 g Zanthoxylum alatum

Ein bis zwei Teelöffel dieser Zusammenstellung mit einem Viertelliter kochendheißem Wasser übergießen, 10 Minuten ziehen lassen, dann abseihen. Dreimal täglich eine Tasse trinken.

Nach etwa drei bis vier Wochen sollte auf folgende Mischung umgestellt werden:

30 g Ackerschachtelhalm
40 g Johanniskraut
10 g Mimosa pudica
20 g Nerium indicum
40 g Römische Kamille
10 g Spitzwegerich
20 g Tamarinde
20 g Tormentillwurzel

Zubereitung wie oben. Dreimal täglich vor den Mahlzeiten eine Tasse trinken.

Blasse Haut

Vor etwa 50 Jahren war ein blasser Hautton das Privileg vornehmer Gesellschaftsschichten. Zwanzig Jahre später, in den Nachkriegsjahren, breitete sich die Tuberkulose aus, und damit festigte sich die Meinung, blasses Aussehen bedeute Krankheit, Schwindsucht und Siechtum. Auch der Zusammenhang zwischen Rachitis und mangelhafter Sonnenbestrahlung wurde langsam erkannt. Immer mehr bildete sich die Meinung, ein gesunder Mensch müsse braungebrannt sein. Deshalb legten und legen sich die Europäer scharenweise in die Sonne.

Eine ganze Reihe von Krankheiten und Infektionen verursachten eine blasse Körperfarbe. Dazu kommen schlechte Ernährungsgewohnheiten, eine ungesunde Lebensweise mit zuviel Alkohol, zuviel Nikotin und mangelhaftem Schlaf. In anderen Fällen sind Vitaminmangel oder Eisenmangel und in seltenen Fällen hormonelle Störungen für die blasse Haut verantwortlich.

Oft ist Blässe mit niederem Blutdruck, Schwäche und Müdigkeit verbunden.

Folgender *Tee* hat sich bewährt:

20 g Alpen-Frauenmantel
30 g Argemone mexicana
30 g Brennessel
30 g Centella asiatica
20 g Schafgarbe

Mit zwei Teelöffeln der Mischung und einem Viertelliter Wasser einen Aufguß bereiten. Schluckweise vor den Mahlzeiten je eine Tasse trinken.

Nach zwei bis drei Wochen zu folgender *Teemischung* übergehen:

20 g Brennessel
20 g Brombeerblätter
10 g Erdbeerblätter
20 g Gartenraute
30 g Weißdornblüten
30 g Weißdornfrüchte
30 g Weiße Schafgarbe

Zubereitung und Anwendung wie oben.

Bei der Behandlung von Blässe sollte immer der Eisenspiegel im Blut kontrolliert werden, um eine Anämie rechtzeitig zu erkennen.

Wenn die Blässe mit einem *Vitamin-B_{12}-Mangel* verbunden ist (wie bei perniziöser Anämie), muß die Behandlung durch einen Internisten erfolgen, der in regelmäßigen Abständen Vitamin-B_{12}-Injektionen verabreichen kann.

Bei *besonders schweren Fällen von Blässe* empfiehlt sich:

20 g Acalypha indica
30 g Brennessel
20 g Melisse
10 g Salbei
30 g Weißdornblüten
20 g Weißdornfrüchte

Zwei Teelöffel der Kräutermischung in einem Viertelliter Wasser kurz aufkochen, dann 5 Minuten ziehen lassen und abseihen. Dreimal täglich vor den Mahlzeiten je eine Tasse trinken.

Sollte dieser Tee nicht ausreichen, kann nach drei Wochen umgestellt werden auf:

30 g Ackerschachtelhalm
20 g Hohlzahn
20 g Schlüsselblume
20 g Urena lobata
20 g Vogelknöterich
30 g Weißdornfrüchte

Zubereitung und Anwendung wie oben.

Zusätzlich sollte täglich dreimal ein Eßlöffel eines *Weizenkeimtonikums mit Lecithin* genommen werden.

Wenn die Blässe auf einem *Eisenmangel* im Blut beruht:

100 g Aromatische Eisenlösung
50 g Tinctura amara
mit Chinawein (Vinum Chinae) auf 200 g Gesamtmenge auffüllen

Zu den Mahlzeiten je einen Eßlöffel davon einnehmen.

Sofern die Blässe mit *Schwäche* einhergeht:

40 g Echte Kamille
20 g Kreuzdornbeeren
30 g Spitzwegerich
20 g Tausendguldenkraut
10 g Urena lobata
10 g Wacholderbeeren
10 g Waldmeister

Zwei Teelöffel davon mit einem Viertelliter kochendheißem Wasser übergießen, 20 Minuten ziehen lassen, dann abseihen. Dreimal täglich je eine Tasse vor den Mahlzeiten trinken.

(Weitere Rezepte zu blasser Haut allgemein siehe im Abschnitt *Regeln für jeden Tag.*)

Cellulite (Orangenhaut)

Bei Frauen, deren Fettgewebe besonders ausgeprägt ist, zeigen sich durch eine bestimmte Art von dessen Anreicherung mehr oder weniger ausgedehnte Reliefbildungen an Oberschenkeln, Gesäß und Hüften. Diese auch *Orangenhaut* genannte Erscheinung wird noch augenfälliger, wenn Haut und Unterhaut sich seitlich zusammenschieben.

Zur Behandlung von Cellulite stehen einige wertvolle Pflanzen zur Verfügung, wie das *Heidekraut* (Besenheide) oder der *Efeu.*

Das *Heidekraut* eignet sich am besten in Form eines *Badezusatzes.* Dazu etwa 150 Gramm Heidekraut mit einem Liter kochendem Wasser überbrühen, eine Viertelstunde ziehen lassen, abseihen und den Absud dem Badewasser zugeben.

Ebenso läßt sich ein *Massageöl* mit Heidekraut herstellen: In einem gut verschließbaren Glasgefäß setzt man etwa 150 Gramm Heidekrautspitzen in einem Liter Olivenöl an und stellt das Gefäß (verschlossen) an einen sonnigen Ort. Nach zwei Wochen wird die Mischung abgeseiht und dunkel gelagert.

Den *Efeu* verwendet man ebenfalls äußerlich. *Einreibungen* an den betroffenen Hautstellen mit frisch zerriebenen Efeublättern – sie enthalten verschiedene Mineralstoffe und organische Säuren – haben sich bewährt.

Erröten

Besonders in der Pubertät erfolgt in verschiedenen Situationen eine vorübergehende starke Mehrdurchblutung des Gesichts und des Oberkörpers. Medizinisch gesehen handelt es sich meist um eine fehlerhafte Regulierung der Gefäßdurchblutung – doch mit welchen seelischen Folgen für die betroffenen Jugendlichen! Sie fühlen sich sehr verunsichert. Bei manchen Mädchen führt dies so weit, daß sie sich wegen des plötzlichen Errötens fast nicht mehr aus dem Haus wagen. Die meisten der Betroffenen sind äußerst labil und neigen zu Schweißausbrüchen, Herzklopfen und Durchblutungsstörungen in den Fingern.

Das Erröten tritt häufig bei seelischer Erregung, bei Schamgefühl oder bei innerer Unruhe und Angstzuständen auf. In der Regel klingt es nach einigen Minuten wieder ab. Nur in seltenen Fällen ist das Erröten mit Herzklopfen verbunden.

Folgende *Teemischung* trägt dazu bei, das oft unangenehme Erröten zu bekämpfen:

10 g Acalypha indica
10 g Aleurites moluccana
10 g Birkenblätter
20 g Brennessel
30 g Hopfenzapfen
30 g Melisse
25 g Salbei

Zwei Teelöffel davon mit einem Viertelliter kochendheißem Wasser überbrühen, 10 Minuten ziehen lassen, dann abseihen. Morgens und abends je eine Tasse warm trinken.

Wenn das Erröten mit *Angstzuständen* verbunden ist:

30 g Bibernellwurzel
10 g Lantana camara
20 g Morinda citrifolia
10 g Römische Kamille
20 g Sanikelwurzel
20 g Schlehdornblüten
30 g Stiefmütterchen
20 g Walnußblätter

Zwei Teelöffel der Kräutermischung in einem Viertelliter Wasser kurz aufkochen, dann 10 Minuten ziehen lassen. Den Tee schluckweise über den ganzen Tag verteilt trinken.

Hängt das Erröten hauptsächlich *mit seelischen Erregungen* zusammen, empfiehlt sich:

30 g Baldrianwurzel
10 g Enzianwurzel
20 g Hopfenzapfen
10 g Hoya implicata

20 g Meisterwurz
30 g Passiflora incarnata

Zubereitung wie oben, aber 15 Minuten ziehen lassen, abseihen. Je eine Tasse vor den Mahlzeiten lauwarm trinken.

Ist das Erröten mit *Zittern und Herzklopfen* verbunden:

30 g Ackerschachtelhalm
10 g Bidens pilosa
10 g Cassia tora
20 g Centella asiatica
30 g Schafgarbe
30 g Weißdornblüten
20 g Weißdornfrüchte

Zwei Teelöffel der Mischung mit einem Viertelliter kochendheißem Wasser übergießen, 15 Minuten ziehen lassen, abseihen. Dreimal täglich vor den Mahlzeiten je eine Tasse schluckweise trinken.

Handelt es sich um ein *großflächiges und fleckiges Erröten,* kann folgender Tee helfen:

10 g Acalypha indica
30 g Ackerschachtelhalm
20 g Baldrian
20 g Hopfenzapfen
30 g Römische Kamille
20 g Salbei
10 g Sida rhombifolia

Zubereitung und Anwendung wie oben.

Nach etwa zwei bis drei Wochen ist mit einer deutlichen Besserung zu rechnen.

Fahle, schmutziggraue Haut

Bestimmte Nieren- und Stoffwechselstörungen gehen mit dieser Hautveränderung einher. In manchen Fällen sind Medikamente, vor allem Schmerzmittelmißbrauch, die Ursache.

Folgender *Tee* kann helfen:

30 g Bibernelle
20 g Gloriosa superba
40 g Römische Kamille
10 g Sanikelwurzel
20 g Schlehdorn
20 g Stiefmütterchen
10 g Tiarella ensifolia

Einen Teelöffel der Mischung mit einer Tasse kochendheißem Wasser übergießen und 20 Minuten ziehen lassen, dann abseihen. Dreimal täglich eine Tasse schluckweise trinken.

Nach zwei bis drei Wochen umstellen auf diesen *Tee:*

20 g Ackerschachtelhalm
10 g Holunderblüten
20 g Königskerzenblüten
20 g Mariendistel
2 g Pfingstrosenblüten
10 g Plumeria acuminata
30 g Römische Kamille

Zubereitung und Anwendung wie oben.

Falten(bildung)

Wie bereits erwähnt, läßt der Bereich um die Augen bei manchen Menschen bereits im Alter von 30 Jahren Falten erkennen. In bestimmten Fällen hat das vorzeitige Entstehen von Falten eine diagnostische Bedeutung. So liegt zum Beispiel eine *Magen-Darmstörung* vor, wenn die Falte zwischen Nase und Mundwinkel besonders tief geprägt ist.

In solchen Fällen eignet sich folgende *Tee*mischung:

30 g Brunnenkresse
20 g Kalmus
20 g Löffelkraut

30 g Majoran
20 g Solanum indicum
10 g Wermut

Zwei Teelöffel davon mit einem halben Liter kochendem Wasser übergießen, 10 Minuten ziehen lassen, abseihen. Dreimal täglich je eine Tasse langsam und schluckweise trinken.

In besonders hartnäckigen Fällen nimmt man:

30 g Fenchel
20 g Melisse
20 g Murraya paniculata
40 g Schafgarbe
30 g Tausendguldenkraut
10 g Wermut

Zwei Teelöffel der Mischung mit einem Viertelliter kochendheißem Wasser übergießen, 15 Minuten ziehen lassen, abseihen. Vor den Mahlzeiten je eine Tasse heiß trinken. Der Tee wirkt ausgleichend auf das vegetative Nervensystem und fördert dadurch die Regeneration der Haut.

Wenn die Faltenbildung vor allem mit *Appetitlosigkeit und Verdauungsstörungen* einhergeht, hilft dieser *Tee:*

30 g Beifuß
30 g Brombeerblätter
20 g Fenchel
10 g Hohlzahn
30 g Lantana camara
30 g Lungenkraut
30 g Passiflora incarnata
40 g Weiße Schafgarbe

Zwei Teelöffel dieser Zusammenstellung mit einem Viertelliter kochendheißem Wasser übergießen, 10 Minuten ziehen lassen, abseihen. Dreimal täglich vor den Mahlzeiten je eine Tasse schluckweise trinken. Besonders die Passionsblume *(Passiflora incarnata)* wirkt ausgleichend auf das Nervensystem und trägt so zu einer Auflösung von Spannungen innerhalb der Haut bei. Zugleich wird die Haut schneller regeneriert, was die Faltenbildung verzögert oder verhindert.

Kräutertee bei Faltenbildung durch zu trockene, schlecht durchblutete Haut:

40 g Fenchel
20 g Hopfenzapfen
30 g Murraya paniculata
30 g Passiflora incarnata
30 g Römische Kamille
20 g Toddalia asiatica

Zubereitung und Anwendung wie oben. Dieser Tee erhält durch den Gehalt an Römischer Kamille pflegende Substanzen (Azulen).

Auch folgendes *Hausmittel* hat sich als sehr nützlich gegen Faltenbildung erwiesen:

Geschälte Gerste (100 g) wird in einem halben Liter Wasser aufgekocht, dann zu einem Brei verrührt, mit 10 g Zitronensaft versetzt, gut durchgemischt und auf Gesicht und Dekolleté aufgelegt. Nach 20 Minuten Einwirkzeit abwaschen.

Zur *Vorbeugung* gegen Falten ist es wichtig, nicht zu rauchen und Exzesse beim Essen zu vermeiden. Fettreiche Kost ist abzulehnen. Auch vor zu langem Sonnenbaden muß gewarnt werden, denn die UV-Strahlen können die elastischen Bindegewebsfasern zerstören, die sich in der Unterhaut befinden, und tiefe Falten entstehen lassen. Dies kann schließlich zur sogenannten *Landmannshaut* oder *Seemannshaut* führen.

(In bestimmten Fällen gelingt es, tiefe Falten durch Spritzen kollagenhaltiger Substanzen auszugleichen. Dabei sind allergische Reaktionen jedoch nicht ausgeschlossen. Stets müssen Testverfahren vorher ermitteln, ob Kollagen geeignet ist.)

Am Wochenende ist sicherlich Zeit für eine *Schönheitsmaske* aus:

Lindenblüten
Malvenblüten
Rosenblütenblättern

Die Blüten und Blütenblätter zu gleichen Teilen miteinander vermengen, in warmem Wasser einweichen, auf die Haut auflegen und eine Stunde wirken lassen. Dann mit weichem Wasser, dem man einige Tropfen Zitronensaft zugibt, abwaschen.

Die Haut sollte jeden Abend mit einem Wattebausch gereinigt werden, der mit etwa *30prozentigem Alkohol,* versetzt mit *Kamillen-* und *Salbeiöl,* getränkt ist. Diese leicht alkoholische Lösung wirkt anregend, entzündungshemmend und gegen die Faltenbildung.

Zur *Entspannung der Gesichtsmuskulatur* am Abend und um Faltenbildung zu verhindern, ist folgender *Tee* von Nutzen:

20 g Bertramwurzel
20 g Myrte
30 g Orangenschalen
20 g Passiflora foetida
20 g Schlüsselblumenblätter
20 g Tamarindus indica
20 g Veilchenblüten

Mit zwei Teelöffeln der Mischung einen Aufguß bereiten, den man 10 Minuten ziehen läßt, dann abseiht. Vor dem Schlafengehen eine Tasse langsam und schluckweise trinken.

Zur Vermeidung von *Falten um die Augen* empfiehlt sich auch folgende *Mixtur:*

10 g Hopfenextrakt
20 g Passiflora incarnata (Extrakt)
20 g Weißdornextrakt

Abends 20 Tropfen mit Honig vermischt einnehmen.

Wenn im Bereich der *Augenlider* Spannungen auftreten, kommt es früher oder später zur Faltenbildung. Dem wirkt die nachstehende *Teemischung* entgegen:

30 g Baldrianwurzel
20 g Ehrenpreis
20 g Heidekraut
30 g Melisse

20 g Nerium indicum
20 g Passiflora foetida
20 g Pistia stratiotes

Mit zwei Teelöffeln davon einen Aufguß herstellen, der 10 Minuten gezogen hat. Täglich vier bis fünf Tassen trinken.

Feigwarzen (Kondylome)

Von diesen meist nässenden Hautwucherungen sind zwei Formen bekannt: Die *breite Feigwarze* und die *spitze Feigwarze.* Während die breite Feig- oder Feuchtwarze im Zusammenhang mit sekundärer Syphilis auftritt, entstehen die Wucherungen der spitzen Feigwarze durch Virusinfekte.

Die Hauterscheinungen finden sich vor allem im Bereich des Mundes, bei den Nasenflügeln, rund um die Genitalien und am After. Die Nähe von Schleimhäuten begünstigt ihr Auftreten. Manchmal ist die Gegend zwischen After und Harnröhre von Feigwarzen übersät. Es kommt auch vor, daß die Feigwarzen wie kleine Pilze an der Hautoberfläche sitzen.

Um ihr Ausbreiten zu hemmen und ihre Rückbildung günstig zu beeinflussen, empfiehlt sich eine äußerliche Waschung, zweimal täglich, mit folgendem *Tee:*

Salbei und *Kamillenblätter* zu gleichen Teilen kurz aufkochen und zehn Minuten stehen lassen. Abseihen und die betreffenden Hautpartien damit abreiben. Anschließend an diese Kräuterteewaschung sollte ein vom Arzt empfohlenes Mittel verwendet werden, das die Hautstellen trocken hält. Das verhindert eine weitere Ausdehnung der Feigwarzen.

Zur *Behandlung* von Feigwarzen und auch zur *Vorbeugung* dient dieser *Kräutertee:*

20 g Argemone mexicana
40 g Echte Kamille
10 g Frauenmantel

30 g Salbei
60 g Weiße Schafgarbe

Zwei Teelöffel davon mit einem Viertelliter kochendheißem Wasser aufgießen, 20 Minuten ziehen lassen, abseihen. Langsam und schluckweise über den ganzen Tag verteilt trinken.

Entstehen Feigwarzen durch eine *verminderte Abwehrlage des Körpers,* empfiehlt sich ein *Kräutertee* anderer Zusammensetzung:

20 g Ästiger Schachtelhalm
30 g Birkenblätter
30 g Echinacea purpurea
20 g Hetero-stemma cuspitatum
40 g Römische Kamille
10 g Sida acuta

Zubereitung wie oben. Vier bis fünf Tassen täglich schluckweise trinken.

Nach etwa zwei Wochen kann auf folgenden *Tee* übergegangen werden:

20 g Abutilon indicum
10 g Acacia farnesiana
20 g Argemone mexicana
40 g Johanniskraut
30 g Römische Kamille
30 g Weiße Schafgarbe

Zubereitung und Anwendung wie oben.

Sollte die Neigung zu Feigwarzen sehr hartnäckig sein, ist dieser *Kräutertee* ratsam:

10 g Artisia squamulosa
30 g Brombeerblätter
40 g Kamille
10 g Myrica rubra
10 g Ringelblumen
20 g Sida acuta
20 g Thymian
10 g Wacholderbeeren

Zubereitung wie oben. Lauwarm über den Tag verteilt ungesüßt trinken.

Fette, unreine Haut

Fette Haut entsteht durch eine Fehlfunktion der Talgdrüsen, dadurch glänzt sie, ist meistens unrein, schlechter durchblutet und großporig.

Es gilt also in erster Linie, den Talg- und Fettgehalt zu regulieren. Bei der täglichen Reinigung darf man mildentfettende Seifen und Cremes verwenden. Ratsam ist, mit einer *Apfelessig*verdünnung nachzuwaschen.

Ebenfalls sehr angenehm und nutzbringend bei zu fetter Haut sind einmal wöchentlich Kräuterbäder, zum Beispiel mit *Kerbel, Salbei, Rosmarin, Petersilie, Anis, Majoran.* Vor allem Salbei gilt als schweiß- und fettlösend. Auch ein einmaliges Bad mit dem zugesetzten Saft von einigen *Zitronen* (acht bis zehn Stück) ist sehr zu empfehlen, dadurch wird die Haut nicht nur entfettet, sondern noch gestärkt.

Ein weiteres äußerlich anwendbares Mittel: Den Körper zweimal täglich mit kaltem *schwarzem Tee* abreiben. Dieser Tee bewirkt ein Verengen der Poren und erhöht die Spannkraft der Haut. Dasselbe erzielt man mit *Eibisch,* der über Nacht in kaltem Wasser angesetzt wird. Der Festigung des Gewebes dient auch die Verwendung von kaltem *Pfefferminztee,* der überdies den Abbau von Fettstoffen fördert. (Drei Eßlöffel Pfefferminzblätter für einen Liter Wasser.)

Als heilwirksames Getränk gilt folgender *Tee:*

30 g Ackerschachtelhalm
20 g Birkenblätter
40 g Echte Kamille
20 g Physalis minima
20 g Salbei

Zwei Teelöffel der Mischung in einem Viertelliter Wasser kurz aufkochen und 20 Minuten ziehen lassen, dann abseihen. Schluckweise vor den Mahlzeiten je eine Tasse trinken.

Äußerlich sei dazu diese *Creme* empfohlen:

10 g Bienenhonig
3 g Bienenwachs
2 g Kamillenöl
4 g Rosenöl
20 g Salbeiöl
5 g Traubenkernöl

Das Bienenwachs im kochenden Wasserbad schmelzen (aber nicht zu heiß werden lassen), mit allen übrigen Zutaten sorgfältig verrühren. (Das gelingt vielleicht besser, wenn diese zuvor leicht erwärmt wurden.) Morgens und abends dünn auf die Haut auftragen. Vor allem dem Salbeiöl ist die mit der Behandlung einhergehende Normalisierung der Talgproduktion zuzuschreiben. Durch seine leicht bakterizide Eigenschaft befreit es die Hautoberfläche außerdem von Keimansiedlungen. Bienenhonig und Bienenwachs machen die Haut glatt und geschmeidig.

Nach zwei bis drei Wochen auf den nachstehenden *Tee* umstellen:

20 g Ackerschachtelhalm
10 g Bärentraubenblätter
30 g Birkenblätter
5 g Bohnenhülsen
10 g Brennessel
30 g Fenchel
10 g Holunder
10 g Plumeria acuminata
2 g Ringelblume
40 g Römische Kamille

Zwei Teelöffel davon mit einem Viertelliter kochendheißem Wasser übergießen, 10 Minuten ziehen lassen, abseihen. Anwendung wie oben. Der Tee wirkt anregend auf den Stoffwechsel und normalisiert eine gesteigerte Talgproduktion.

In hartnäckigen Fällen sollte man folgende *Creme* verwenden:

15 g Bienenhonig
3 g Bienenwachs
20 g Hagebuttenmark
3 g Kamillenöl
5 g Mandelöl
2 g Rosenöl
mit Salbengrundlage auf 100 g auffüllen.

Zubereitung wie bei obigem Cremerezept. Abends auf die gereinigte Haut auftragen, eine halbe Stunde einziehen lassen, dann den Überschuß durch ein sanft aufgedrücktes Kosmetiktuch entfernen. Am nächsten Morgen mit weichem, lauwarmen Wasser, dem einige Tropfen Zitronensaft zugesetzt sind, abwaschen.

Das Hagebuttenmark reichert die Creme mit Vitamin C an.

Nach ein bis zwei Wochen kann man die Zusammensetzung der *Creme* abändern:

5 g Aloepulver
10 g Bienenhonig
5 g Bienenwachs
5 g Rosenöl
mit Salbengrundlage auf 100 g auffüllen.

Zubereitung wie oben. Am Abend die betroffenen Stellen einreiben und am Morgen mit lauwarmem, weichem Wasser, dem eine Spur Zitronensaft beigegeben wird, abwaschen.

In besonders hartnäckigen Fällen kann folgender *Tee* helfen:

10 g Acalypha indica
40 g Ackerschachtelhalm
20 g Faulbaumrinde
10 g Myrica rubra
30 g Römische Kamille
40 g Salbei
10 g Tamarindus indica

Zubereitung und Anwendung wie oben. Dieser Tee wirkt blutreinigend und reguliert ebenfalls die Talgdrüsenproduktion.

Zusätzlich zu diesem Tee sollte folgende *Creme* verwendet werden:

10 g Jojobaöl
10 g Rosenöl
5 g Schafgarbenöl
mit Salbengrundlage auf 100 g auffüllen.

Zubereitung und Anwendung wie oben. Schafgarbenöl enthält Cineol, das antiseptische Eigenschaften hat. Daher bewährt sich die Creme besonders bei unreiner Haut. Überdies wirkt der Duft der Creme stimulierend und erfrischend.

Fischschuppenkrankheit (Ichtyosis)

Diese Erkrankung, die sich in übermäßig starker Verhornung der Haut äußert, ist erblich bedingt. Es bilden sich trockene, verhornende Schuppen von der Unterhaut her. Meist beginnt sie zwischen dem achten und zwölften Lebensmonat, verstärkt sich während der Pubertät und klingt dann ab. Im frühen Erwachsenenalter ist die Krankheit kaum noch anzutreffen.

Die gesteigerte Schuppenbildung entsteht durch ein vermindertes Abstoßen der oberflächlichen Hautschichten. Sie tritt hauptsächlich an den Streckseiten der Extremitäten auf. Eine weitere bevorzugte Stelle ist der Rücken und hier besonders die Gegend um das Kreuzbein.

Die gesamte Haut wirkt trocken und ist etwas rauher, als es dem Durchschnitt entspricht. Manchmal sind an der Hautoberfläche kleine silberglänzende oder dunkelgraue Schuppen zu sehen. Wird über die Haut gestrichen, bleibt ein weißer Streifen zurück. Stärkerer Befall führt zu intensiver Schuppenbildung, wobei die Schuppen dachziegelähnlich angeordnet sind und an Fischschuppen erinnern. Die Schuppen sind grau bis bräunlich, wie bei einem Karpfen. Der Betroffene verspürt kaum ein Krankheitsgefühl. Bei trockener Witterung wird die Krankheit allerdings als sehr störend empfunden.

Bei den Kranken sind Talg- und Schweißproduktion meist um die Hälfte vermindert. Die Haut ist besonders verletzungs- und störungsanfällig. Ekzeme können sich leicht ausbreiten, bakteriellen Infektionen wird nur geringer Widerstand entgegengesetzt.

Einige Behandlungsmöglichkeiten:

Am besten hat sich die Behandlung mit *Vitamin-A-Säure* bewährt (25 bis 75 Milligramm täglich). Jedoch ist erst nach einer halb- bis einjährigen Behandlungsdauer mit einer deutlichen Besserung zu rechnen.

Günstig ist die tägliche Einreibung mit folgender *Salbe:*

2 g Pfefferminzöl
3 g Salbeiöl
mit Unguentum molle (= weiche Salbe) auf 50 g Gesamtmenge auffüllen.

Alle Zutaten gut miteinander verrühren, die Salbe morgens und abends in die Haut einmassieren.

Ebenso erwies sich diese *Salbe* als günstig:

25 g destilliertes Wasser
12 g Harnstoff
12 g Meersalz
mit Basunguent® auf 100 g auffüllen.

Zubereitung und Anwendung wie oben.

Auch die folgende Harnstoff*salbe* kann empfohlen werden:

25 g destilliertes Wasser
10 g Harnstoff
2 g Pfefferminzöl
3 g Salbeiöl
mit Unguentum Cordes® auf 100 g auffüllen.

Zubereitung und Anwendung wie oben.

Abschließend sei noch auf die heilsame Wirkung eines Aufenthalts am Meer (vor allem am Toten Meer) hingewiesen. Er ist in jedem Fall anzuraten.

Gelbliche, schlecht durchblutete Haut

Als Ursache für diese Störung kommt eine Erkrankung der Leber in Betracht, wie eine chronische oder akute Leberentzündung. Es besteht auch die Möglichkeit, daß sich die Gallenflüssigkeit staut und in den Blutkreislauf gelangt.

Gleichzeitig mit der Gelbfärbung der Haut treten folgende weitere Symptome auf: Müdigkeit, Schwäche, Brechreiz, Druckgefühl im Oberbauch und Völlegefühl.

Folgende *Teezusammenstellung* kann eine *Verbesserung der Leberfunktion,* eine *Entgiftung des Blutes* und besseres Aussehen herbeiführen:

20 g Argemone mexicana
30 g Birkenblätter
20 g Brennessel
30 g Mariendistel
10 g Stiefmütterchen

Zwei Teelöffel der Mischung in einem Viertelliter Wasser kurz aufkochen und 20 Minuten ziehen lassen. Je eine Tasse schluckweise vor den Mahlzeiten trinken.

Nach drei bis vier Wochen umstellen auf diesen *Tee:*

30 g Bitterklee
10 g Callicarpa caudata
30 g Faulbaumrinde
40 g Fenchel
20 g Löwenzahnkraut
40 g Mariendistel
20 g Römische Kamille
20 g Stiefmütterchen
30 g Wegwarte

Zubereitung und Anwendung wie oben.

Nach weiteren zwei bis drei Wochen übergehen zu:

10 g Birkenblätter
10 g Bohnenhülsen

20 g Faulbaumrinde
25 g Fenchel
30 g Holunderblüten
10 g Mariendistel
10 g Stiefmütterchen

Zubereitung und Anwendung wie oben.

Ist die Haut wegen einer *Lebererkrankung verbunden mit Verstopfung* verfärbt, empfiehlt sich folgender *Tee:*

10 g Calotropis gigantea
10 g Enzianwurzel
20 g Faulbaumrinde
30 g Gänsefingerkraut
20 g Pfefferminze
15 g Rhabarber

Zubereitung und Anwendung wie oben.

Zu starker Gesichtshaarwuchs bei Frauen

Ungewöhnlich starker Gesichtshaarwuchs ist im allgemeinen hormonell bedingt.

Folgender *Tee* wirkt regulierend auf den weiblichen Hormonhaushalt und trägt so dazu bei, ein zu starkes Haarwachstum im Gesicht zu verhindern:

30 g Baldrian
30 g Cimicifuga racemosa
10 g Gartenraute
20 g Melisse
10 g Orangenblüten
10 g Blumea balsamifera
20 g Salbei
10 g Vitex trifolia

Einen Teelöffel der Mischung mit einem Achtelliter kochendheißem Wasser aufgießen, 20 Minuten ziehen lassen und abseihen. Schluckweise über den Tag verteilt trinken.

Nach drei bis vier Wochen eine andere Zusammenstellung wählen:

30 g Brennessel
20 g Cimicifuga racemosa
10 g Limnophila indica
30 g Löwenzahnwurzel
30 g Meisterwurz

Zwei Teelöffel davon in einem Viertelliter Wasser kurz aufkochen, dann 15 Minuten ziehen lassen und abseihen. Dreimal täglich (vor den Mahlzeiten) eine Tasse trinken.

Pflegesalbe:

10 g Placenta-Extrakt mit Basunguent® auf 50 g auffüllen.

Die aus den verrührten Zutaten entstandene Creme regelmäßig auf Oberlippe, Kinn und Wangen auftragen.

In hartnäckigen Fällen kann folgender *Tee* helfen:

20 g Stiefmütterchen
10 g Thymian
10 g Vitex trifolia
4 g Wermut
10 g Zanthoxylum alatum

Mit zwei Teelöffeln dieser Mischung und einem Viertelliter Wasser einen Aufguß bereiten. Dreimal täglich je eine Tasse schluckweise trinken.

Gürtelrose (Herpes zoster)

Die Gürtelrose, eine schmerzhafte Viruserkrankung, ist durch einen Bläschenausschlag gekennzeichnet, der von Störungen im Zentralnervensystem ausgeht. Starke Sonnenbäder, übermäßige Röntgenbestrahlung, Nervenverletzungen oder die Folge von Unfällen können die Herpesviren anregen, sich im Zentralnervensystem auszubreiten. Bei jedem Herpes zoster ist darauf zu achten, ob die Ursache bei einer inneren Krankheit, wie zum Beispiel Krebs, liegt.

Die Herpeserkrankung beginnt mit einem Gefühl der Abgeschlagenheit, mit Blutdruckabfall, Müdigkeit, Magenreizungen, Dünndarmentzündungen, Schmerzen im Augen-, Ohren- oder Mundbereich.

Viele Patienten leiden zunächst unter Brennen oder Schmerzen an den Stellen, an denen später die Bläschen auftreten. Es entstehen punktförmige, dann zündholzkopfgroße bis linsengroße Bläschen, die mit einer hellen Flüssigkeit prall gefüllt sind. Nach etwa einer Woche kommt es zur Vereiterung. Nach weiteren ein bis zwei Wochen trocknen die Bläschen ein, sinken dann zusammen, und es bildet sich ein dunkler Pigmentfleck, der sich manchmal kaum noch von der Umgebung abhebt.

Kommen weitere Eitererreger hinzu, bilden sich tiefergreifende Narben, die jahrzehntelang zu sehen sind. Zur Beseitigung dieser Narben sollte man eine vom Arzt empfohlene Creme nach Vorschrift auftragen.

Sobald sich das akute Erscheinungsbild des *Herpes zoster* zurückgebildet hat, ist es günstig, die Pigmentflecken mit einem hautfarbenen Puder, der fünf Prozent Schwefel enthält, abzudekken. In vielen Fällen kann die Einnahme von hochdosiertem *Vitamin E* helfen.

Vor allem bei *Herpes-zoster-Neuralgien* empfiehlt sich folgender *Tee:*

20 g Abutilon indicum
20 g Ackerschachtelhalm
10 g Argemone mexicana
20 g Baldrian
30 g Schafgarbe
30 g Weißdornblüten
20 g Weißdornfrüchte

Zwei Teelöffel der Mischung mit einem Viertelliter kochendheißem Wasser übergießen, 15 Minuten ziehen lassen und abseihen.

Zwei Wochen lang täglich dreimal eine Tasse trinken. Die

pflanzlichen Wirkstoffe beschleunigen die Abheilung und stärken die körpereigenen Abwehrkräfte.

Neigung zu Hämatomen (Blutbeulen, Blutergüssen)

Bei bestimmten Bluterkrankungen, manchmal auch bei gestörter Leberfunktion, kommt es durch eine Störung des Gerinnungsfaktors zu blauen Flecken, selbst bei geringfügigsten Verletzungen und Prellungen. Besonders bei einer verminderten Thrombozytenzahl (Zahl der Blutplättchen) entstehen sich ausbreitende Blutungen unter der Haut.

Die notwendige ärztliche Behandlung läßt sich nach Absprache mit dem Arzt durch Kräutertees unterstützen.

Eine gute allgemeine Hilfe stellt dieser *Tee* dar:

20 g Ackerschachtelhalm
30 g Hirtentäschelkraut
20 g Lespedeza thunbergii
30 g Mistel
10 g Morinda citrifolia
20 g Vogelknöterich
20 g Wacholderbeeren

Zwei Teelöffel der Mischung in einem Viertelliter Wasser kurz aufkochen und 10 Minuten ziehen lassen, abseihen. Dreimal täglich eine Tasse heiß und ungezuckert trinken.

Treten die *blauen Flecken infolge einer Leberstörung* auf, empfiehlt sich folgender *Kräutertee:*

20 g Leymus sibiricus
30 g Mariendistel
30 g Römische Kamille
20 g Schafgarbe

Zwei Teelöffel der Mischung mit einem Viertelliter kochendheißem Wasser aufgießen, 20 Minuten ziehen lassen, abseihen.

Schluckweise vor den Mahlzeiten eine Gesamtmenge von drei bis vier Tassen täglich trinken.

Nach zwei bis drei Wochen zu folgender *Tee*mischung übergehen:

20 g Clerodendron intermedium
10 g Kümmelfrüchte
20 g Melissenblätter
30 g Pfefferminzblätter
20 g Römische Kamille
20 g Tausendguldenkraut
30 g Thymian
20 g Wacholderspitzen

Zwei Teelöffel davon in einem Viertelliter Wasser kurz aufkochen und 20 Minuten ziehen lassen, danach abseihen. Vier bis fünf Tassen über den ganzen Tag verteilt trinken.

Nach zwei bis drei Wochen auf diese *Teezusammenstellung* umstellen:

30 g Ackerschachtelhalm
30 g Brennessel
20 g Pistia stratiotes
40 g Römische Kamille

Zubereitung wie oben, jedoch 15 Minuten ziehen lassen. Davon täglich drei bis vier Tassen heiß trinken.

Hautstreifen infolge schwachen Bindegewebes

Solchen oft als unschön empfundenen Hautveränderungen ist man nicht hilflos ausgesetzt. Eine Reihe von Gegenmitteln läßt sich anwenden, wenn man weiß, woher die Streifen kommen. Sie treten bevorzugt an Stellen auf, die durch Zug oder Druck belastet sind. In vielen Fällen entstehen sie nach Abmagerungsdiäten, wenn das Bindegewebe schwach und rissig geworden ist.

Die Streifen sind meistens fingerbreit und etwa zehn bis fünfzehn Zentimeter lang. Sehr häufig bilden sich diese Hautstreifen während der Schwangerschaft aus. Vor allem bei einer Gewichtszunahme von mehr als zehn Kilogramm. Gerade zu Beginn der Schwangerschaft sollte eine Diät viel Rohkost, viel Gemüse, wenig Salz und nicht zuviel Eiweiß enthalten.

Manchmal entstehen die Streifen auch als Folge einer jahrelang durchgeführten Kortison-Therapie.

Zur Vorbeugung und bei durch bekannte Faktoren verursachten Hautstreifen können Tees aus Kräutermischungen der Schwächung des Bindegewebes wirksam begegnen.

Kräutertee zur *Vorbeugung* gegen Hautstreifen:

30 g Brennessel
20 g Brombeerblätter
30 g Erdbeerblätter
10 g Flagellaria indica
10 g Hibiscus syriacus
20 g Lindenblüten

Ein bis zwei Teelöffel der Mischung mit kochendem Wasser aufgießen, 10 Minuten ziehen lassen, dann abseihen. Täglich vier bis fünf Tassen schluckweise trinken.

Nach etwa zwei bis drei Wochen kann zu folgender Zusammenstellung gewechselt werden:

20 g Löwenzahnwurzel
10 g Majoran
10 g Orangenblüten
10 g Pistia stratiotes
10 g Rosmarin
10 g Sida acuta

Zubereitung und Anwendung wie oben.

Sind die *Hautstreifen durch eine Behandlung mit Kortison* bedingt, empfiehlt sich:

20 g Ackerschachtelhalm
30 g Birkenblätter

30 g Brennessel
20 g Faulbaumrinde
10 g Polianthes tuberosa
10 g Sida cordifolia

Diesen Tee wie oben zubereiten. Ebenfalls vier bis fünf Tassen täglich trinken.

Bei Bestehen von zahlreichen Streifen ist es ratsam, auf das Körpergewicht zu achten und regelmäßig Gymnastik zu betreiben. Bei *Streifen* im Bindegewebe, die *durch Übergewicht* entstanden sind, empfiehlt sich eine andere *Teemischung:*

30 g Ackerschachtelhalm
20 g Bärentraubenblätter
30 g Birkenblätter
30 g Brennessel
20 g Bruchkraut
10 g Ringelblume
20 g Selaginella tamariscina
10 g Sesbania grandiflora

Zubereitung wie oben, aber 20 Minuten ziehen lassen. Täglich vier bis fünf Tassen schluckweise trinken.

Nach zwei bis drei Wochen übergehen zu:

30 g Fenchel
20 g Löwenzahnwurzel
40 g Selleriewurzel
20 g Sesbania grandiflora
30 g Spargelwurzel

Zwei bis drei Teelöffel davon in einen Viertelliter kaltes Wasser geben, zum Kochen bringen und etwa 4 Minuten kochen lassen, dann abseihen.

Täglich drei bis vier Tassen lauwarm trinken.

Hautveränderungen bei Alkoholmißbrauch

Alkohol bewirkt eine sichtbare Veränderung des Gesichtsausdrukkes. Das Gesicht ist meist geschwollen und aufgedunsen, die Bewegungen der mimischen Muskulatur sind eingeschränkt. Mit dem veränderten Gesichtsausdruck geht ein verändertes psychisches Verhalten einher, denn Alkoholmißbrauch läßt apathische Gleichgültigkeit und Nachlässigkeit entstehen.

Auch die Haut, vornehmlich die Gesichtshaut, reagiert auf überhöhten Alkoholkonsum: Ihre Poren vergrößern sich. Es bilden sich vermehrt Mitesser (Akne kommt bei Alkoholikern dreimal so oft vor wie sonst). Manchmal erscheint auch eine partielle Rötung der Gesichtshaut. Deutlich fallen die Veränderungen im Bereich der Augen auf. Die Augen sind geschwollen und die Bindehaut ist gerötet. Die Oberlider zeigen ebenfalls eine Verdickung des Bindegewebes. Bei fortgeschrittenem Alkoholmißbrauch ist die Lederhaut der Augen gelblich verfärbt, da durch die Leberschädigung Gallenfarbstoffe in das Auge gelangen. Häufig bilden sich große Tränensäcke. Insgesamt ist die Produktion an Tränenflüssigkeit auf das Doppelte gesteigert.

Die Haut wirkt fahlgrau. Bemerkenswert ist ihr Anschwellen im Kieferwinkel, wo auch die Lymphdrüsen manchmal geschwollen sind. Die Vergrößerung der Ohrspeicheldrüse ergibt sich aus dem Anschwellen aller Drüsen, die einen der Leber ähnlichen Aufbau zeigen. Die Schwellung der Ohrspeicheldrüse läßt das Gesicht des Alkoholikers vollmondig aussehen.

Bei fortschreitendem Alkoholmißbrauch kommt es zu Anzeichen der Leberzirrhose, dabei bilden sich an den Stellen unter- und oberhalb der Schlüsselbeine spinnenartig aussehende Hautveränderungen. Diese Veränderungen sind ein typisches Kennzeichen für eine alkoholbedingte Leberzellschädigung.

Recht häufig ist ein kugelförmig aufgetriebener Bauch, dem die Behaarung fehlt, da die kranke Leber die im Körper immer wirksamen Östrogene nicht mehr zu neutralisieren vermag. Bei männlichen Alkoholikern sieht man dann die sogenannte *Bauchglatze.*

Eine weitere Folge ist die Nervenentzündung der unteren Extremitäten. Die Beine sind abgemagert, und an den Fußspitzen ist zuweilen eine diffuse Rötung zu erkennen, Anzeichen einer schweren Durchblutungsstörung. Die Beine können so dünn werden, daß man von sogenannten *Storchenbeinen* spricht. Im fortgeschrittenen Stadium wird der Gang breitbeinig, unsicher, stolpernd und schwankend.

Unter der ständigen Alkoholeinwirkung erhält auch der Gesichtsausdruck im unteren Teil, vorwiegend im Kinnbereich, einen schlaffen, entspannten Ausdruck. Manchmal zeigen sich dann in der Kinngegend kleine Grübchen, die bei emotionalem Streß zu vibrieren beginnen. Das wird als *Wetterleuchten* bei Alkoholikern bezeichnet. Diese Vorgänge geschehen durch die toxische Wirkung des Alkohols im Stirnhirnbereich. Dabei werden alle Reflexe aktiviert und treten immer deutlicher zutage.

Zur Beseitigung der alkoholbedingten Haut- und Leberstörungen hat sich folgender *Kräutertee* bewährt:

30 g Andorn
20 g Benediktenkraut
10 g Erdrauch
40 g Johanniskraut
20 g Löwenzahnwurzel
60 g Mariendistel
40 g Salbei
3 g Schöllkraut
50 g Tausendguldenkraut
20 g Thymian
30 g Wegwarte

Für den Tee pro Tasse einen gehäuften Teelöffel Kräuter mit kochendem Wasser übergießen, 15 Minuten ziehen lassen, abseihen.

Empfohlene Tagesdosis: Insgesamt drei bis vier Tassen vor den Mahlzeiten nehmen.

Der Tee fördert die Durchblutung im Bauchraum und regt den Blutkreislauf im Pfortadersystem an. Gleichzeitig werden Lebergifte, die durch Alkohol entstehen, beseitigt und die Gallenblasenfunktion angeregt.

Eine andere *Teemischung* lautet:

15 g Fenchel
20 g Holunderblüten
30 g Löwenzahnwurzel
20 g Melisse
20 g Odermennig
15 g Pfefferminze
5 g Schöllkraut

Zubereitung und Anwendung wie oben.
oder:

40 g Ilex paraguariensis
100 g Inka-Tee
20 g Quassia amara
20 g Römische Kamille
40 g Zwerg-Schafgarbe

Zubereitung und Anwendung wie oben.

Die Tees bewirken, daß alkoholbedingte Leberfunktionsstörungen abklingen. Die Hauterscheinungen schwinden ebenfalls.

Ein weiterer *Kräutertee,* der eine Heilung herbeiführen kann:

100 g Inka-Tee
50 g Ixora coccinea
30 g Löwenzahnwurzel
40 g Meisterwurz
30 g Weiße Schafgarbe

Zubereitung wie oben. Täglich drei bis vier Tassen vor den Mahlzeiten trinken – lauwarm und schluckweise.
oder:

30 g Ilex paraguariensis
40 g Lansium domesticum
30 g Stachytarpheta mutabilis
40 g Urena lobata

Zubereitung und Anwendung wie oben. Mit Hilfe dieses Tees lassen sich alkoholbedingte Hautschäden, Rötungen und die spinnenartig aussehenden Hautveränderungen innerhalb kurzer Zeit beseitigen. In allen hier besprochenen Fällen – das muß selbstverständlich vorausgesetzt werden – ist der Alkoholkonsum drastisch einzuschränken!

Auch *Leinsamen,* mit heißem Wasser aufgekocht und auf die Haut aufgelegt, bessert solche Schäden. Am besten ist es jedoch, den Leinsamen nicht mit Wasser, sondern mit starkem *Kamillentee* kurz zu kochen und dann auf Stirne, Wangen und Kinn aufzutragen. Nach etwa 30 Minuten den Leinsamen mit lauwarmem Wasser abwaschen. Diese Packung ermöglicht die Regeneration der Haut, ist entzündungshemmend und normalisiert eine übermäßige Talgproduktion.

Wenn die Augenpartien unter dem Alkoholismus gelitten haben, empfiehlt es sich, im Bereich der *Augen* folgende Mischung aufzutragen:

1 Eidotter mit
5 g Olivenöl
10 g Salbeiöl
20 g Weizenkeimöl
1 Teelöffel Zitronensaft

vermischen und mit dem Rührgerät gut durchrühren. Die Mischung auf die Augenpartien auftragen und nach etwa einer halben Stunde mit lauwarmem Wasser abspülen.

Wenn die *Ohrspeicheldrüse* geschwollen ist, helfen *Lehmpackungen,* die zu gleichen Teilen mit *Salbei-* und *Kamillentee* angerichtet werden. An den betreffenden Stellen großflächig und dick auftragen, also von der Schläfe bis zum Kieferwinkel und von dort bis zum Kinn. Die Packung 45 Minuten einwirken lassen, dann mit lauwarmem Wasser, dem ein Teelöffel Zitronensaft beigefügt wurde, abwaschen.

Ist die *gesamte Körperhaut* durch Alkoholmißbrauch schlaff und trocken geworden, kann folgender *Badezusatz* verwendet werden:

20 g Hefe
20 g Hopfenextrakt
30 g Kleie

10 g Lavendelöl
30 g Leinsamen (geschrotet)
40 g Meersalz
10 g Rosmarinöl

Mit diesem Zusatz täglich 20 Minuten baden (Wassertemperatur: 36 Grad), danach den Körper mit folgender *Creme* einreiben:

5 g Bienenwachs
2 g Kakaobutter
30 g Lanolin-Anhydrid
40 g Rosenwasser
20 g Sesamöl
mit 70prozentigem Alkohol auf 100 g auffüllen.

Bienenwachs, Kakaobutter und Lanolin-Anhydrid im kochenden Wasserbad schmelzen, mit dem (eventuell leicht erwärmten) Sesamöl, dann dem Rosenwasser und dem Alkohol sorgfältig verrühren. Diese pflegende Creme hält die Haut weich und geschmeidig.

Ein weiteres Rezept für eine wirksame *Creme* lautet:

2 g Bienenwachs
2 Tropfen Geraniumöl
30 g Hamameliswasser
20 g Jojobaöl
15 g Lanolin-Anhydrid
1 Tropfen Orangenblütenöl
3 Tropfen Rosenöl

Bienenwachs und Lanolin-Anhydrid im kochenden Wasserbad schmelzen und mit den übrigen Zutaten gut verrühren. Anwendung wie oben. Diese Creme ist besonders zart und kann tief in die Hautporen eindringen, um eine Regeneration der Haut von innen heraus anzuregen.

Durch das Jojobaöl, das von einer immergrünen Wüstenpflanze *(Simmondsia chinensis)* stammt, wirkt sich die Fettspeicherfähigkeit der Creme vorteilhaft für die ausgetrocknete Haut aus.

Ratsam ist auch eine *Diät zur Entschlackung,* die im Wochenablauf etwa so aussieht:

Einmal pro Woche sollte ein *Kartoffeltag* eingehalten werden. An diesem Tag darf man bis zu einem Kilogramm Pellkartoffeln, dazu eventuell rohe Salate, verzehren und folgenden *Kräutertee* trinken:

30 g Ackerschachtelhalm
20 g Mariendistel
40 g Weiße Schafgarbe

Mit zwei Teelöffeln der Kräutermischung und einem Viertelliter Wasser einen Aufguß bereiten, den man 10 Minuten ziehen läßt und dann abseiht. Drei bis vier Tassen davon trinken.

Dem Kartoffeltag sollte ein *Reistag* folgen. Erlaubt sind 200 Gramm gekochter Reis mit rohem Gemüse. Zusätzlich sei dieser *Tee* empfohlen:

10 g Enzianwurzel
30 g Löwenzahnwurzel
30 g Meisterwurz

Ein bis zwei Teelöffel davon mit einem Viertelliter kaltem Wasser zum Kochen bringen, zwei bis drei Minuten kochen, dann 10 Minuten ziehen lassen und abseihen. Drei Tassen über den Tag verteilt trinken.

Darauf einen *Bananenmilch-Tag* einlegen. Die Tagesration besteht aus bis zu 20 Bananen und fünf bis sechs Bechern Joghurt. Bananen und Joghurt können getrennt gegessen oder die Bananen zerdrückt und mit dem Joghurt verrührt werden. Statt mit Joghurt lassen sich die Bananen auch mit Milch zu einem Mixgetränk verarbeiten.

Nun ist ein *Fleischtag* günstig, an dem man nur 250 g gekochtes Rindfleisch mit rohem Gemüse zu sich nimmt. Als Tagesgetränk gilt ein *Tee,* bestehend aus:

30 g Ackerschachtelhalm
20 g Benediktenkraut
30 g Gartenraute
20 g Römische Kamille

Zubereitung und Dosierung wie bei dem Tee am Kartoffeltag (siehe vorher).

An den Fleischtag reiht sich ein *Melonentag.* Der Speiseplan für diesen Tag umfaßt ein bis zwei (kleinere) Wassermelonen, drei Papayas und eventuell ein bis zwei Mangos.

Der nächste Tag ist ein reiner *Gemüsetag.* Am Morgen wird Saft aus frischem Gemüse, vorzugsweise Karotten und Rote Bete, getrunken, am Abend ißt man etwas Blumenkohl, Spinat und zwei Kartoffeln.

Schließlich folgt ein (weiterer) *Obsttag,* an dem die empfohlene Nahrungsmenge aus insgesamt ein bis eineinhalb Kilogramm Äpfeln, Grapefruits, Orangen und Trauben besteht.

Nach dieser Kur sollte man nicht sofort zur normalen Kost zurückkehren, sondern eine Mahlzeit pro Tag durch Gemüsesaft ersetzen (vorzugsweise Rote-Bete-Saft) – ungefähr drei Wochen lang. In der Folgezeit erweist es sich als günstig, einen Tag in der Woche als Safttag oder Gemüsetag einzurichten. Das Einschalten von Saft- oder Gemüsetagen ermöglicht eine wirkungsvolle Entschlakkung des Körpers.

Herpes

Vom Herpesvirus können die Haut, Augen, Ohren, Mundschleimhaut, auch Rückenmark und das Zentralnervensystem im Gehirn befallen sein. Mit Hilfe bestimmter Antikörpertests lassen sich die Viren im Blut nachweisen. Gleichzeitig kann man herausfinden, ob bereits früher Herpesinfektionen stattfanden.

Auslösend für eine Aktivierung der Herpesviren können zu lange Sonnenbestrahlung (auch Höhensonne), ebenso Fieberschübe bei Angina oder Grippe sein.

Über 75 Prozent der Menschen, die mit Herpesviren Kontakt hatten, bleiben jahre- bis jahrzehntelang davon befallen. Besonders bei kleinen Verletzungen, aber auch bei Aknenarben, kommt es zum Eintritt des Virus, dessen Aktivität sich in einer entzündlichen Hautreaktion mit Bläschenausschlag ausdrückt.

Bei Kleinkindern tritt die Infektion öfter im Mundbereich auf.

Ansteckungsgefahr besteht bei Menschenansammlungen, zum Beispiel in Schulen, Kindergärten oder in Krankenhäusern.

Ist die körpereigene Abwehr sehr geschwächt, bleibt die Erkrankung nicht auf die äußeren Hautbereiche beschränkt, sondern kann zu einer schwerverlaufenden Herpes-Gehirnhautentzündung führen.

Bei den ersten Anzeichen von Herpes sollte folgender *Tee* getrunken werden:

30 g Echinacea purpurea
30 g Echte Kamille
40 g Salbei
20 g Scoparia dulcis
20 g Sida retusa
20 g Weiße Schafgarbe

Von ein bis zwei Teelöffeln der Kräutermischung und einem Viertelliter Wasser einen Aufguß bereiten, der 10 Minuten ziehen soll. Dann abseihen. Zweimal täglich ein bis zwei Tassen trinken. Durch den Wirkstoffgehalt von *Echinacea* kann dieser Tee wesentlich zur Erhöhung der Widerstandsfähigkeit des Körpers beitragen.

Bei *hartnäckigem Herpesbefall* empfiehlt sich:

50 g Inka-Tee
20 g Meisterwurz
20 g Sida cordifolia

Zwei Teelöffel davon in einem Viertelliter Wasser zunächst für eine Stunde kalt ansetzen, dann aufkochen und 10 Minuten stehen lassen, anschließend abseihen. Über den Tag verteilt lauwarm trinken. Die Inhaltsstoffe des *Roten Lapacho* (Inka-Tee) bewirken ebenfalls eine Steigerung der körpereigenen Abwehr.

Diese Kur sollte sich über mindestens drei Wochen erstrecken. Bei neuerlichem Auftreten von Herpes ist die Teekur zu wiederholen: Zwei Wochen die erstbeschriebene Mischung nehmen, dann die Kur mit der zweiten Mischung fortführen.

Stellt sich auch dann kein Erfolg ein, ist folgender *Tee* zu empfehlen:

30 g Ginseng
20 g Meisterwurz
10 g Portulaca oleracea
20 g Thespesia populnea
50 g Uncaria tomentosa (Wurzel)

Einen Viertelliter kaltes Wasser mit zwei Teelöffeln der Mischung zum Kochen bringen, 4 Minuten kochen und noch 15 Minuten ziehen lassen, dann abseihen. Zweimal täglich eine Tasse trinken. Dieser Tee wirkt besonders gut gegen die Virusinfektion im Bereich der Mundschleimhäute.

Zur *Stärkung der Abwehrkräfte* ist auch folgender *Tee* sehr geeignet:

20 g Argemonae mexicana
20 g Bockshornklee
20 g Brennesselwurzel
30 g Hagebutten
30 g Tausendguldenkraut
20 g Wacholderbeeren
10 g Wacholderspitzen
20 g Weiße Schafgarbe

Einen Teelöffel der Mischung für einen Viertelliter kochendheißes Wasser nehmen, einen Aufguß bereiten, der 10 Minuten ziehen soll, danach abseihen. Nach Art einer Kur drei Wochen lang täglich zwei Tassen trinken.

Ein weiterer *Tee zur Steigerung der Abwehr:*

20 g Achyranthes aspara
10 g Echtes Mädesüß (Blüten)
30 g Holunderblüten
60 g Kamillenblüten
30 g Königskerzenblüten
20 g Lindenblüten
20 g Süßholzwurzel
20 g Weidenrinde

Zwei Teelöffel davon mit einem Viertelliter kaltem Wasser übergießen, zum Sieden bringen und kurz aufwallen, dann noch drei bis vier Minuten ziehen lassen. Anschließend abseihen. Täglich zwei Tassen trinken.

Herpes zoster siehe unter *Gürtelrose.*

Hyperhidrosis siehe unter *Schweißdrüsen.*

Juckflechte (Neurodermitis)

Die Ursache des endogenen Ekzems ist noch nicht bekannt. Als auslösend gilt das Zusammentreffen mehrerer Krankheitsfaktoren, die teilweise noch unerforscht sind. Vermutlich spielt auch das Immunsystem eine Rolle. Die Bezeichnung *Neurodermitis* deutet auf eine Beziehung zum Nervensystem hin.

Es handelt sich um eine entzündliche Hauterkrankung, die mit starkem Juckreiz verbunden ist. Manchmal zeigen sich innerhalb der Familie des Betroffenen auch andere Erkrankungen, wie allergisches Asthma oder Heufieber. Nach Schätzungen beträgt die Auftrittshäufigkeit der Neurodermitis in Mitteleuropa fünf bis acht Prozent.

Der Hautausschlag kann bereits im ersten bis zweiten Lebensmonat ausbrechen. Eine Ersterkrankung nach der Pubertät ist eher unwahrscheinlich. Manchmal entwickeln sich zehn bis zwanzig Jahre nach der Erkrankung Symptome von Bronchialasthma.

Bei der Neurodermitis spielen neben einer möglicherweise vererbten Reaktion der Haut ebenfalls Umweltfaktoren eine große Rolle, zum Beispiel Hausstaub, Tierhaare, Protozoen, Milben und Nahrungsmittelallergene. Zu diesen zählen unverträgliches Milcheiweiß und Fischeiweiß, oder die Konservierungsstoffe Phenol oder Benzalconiumchlorid.

Bei der Hälfte der Fälle von Neurodermitis kommt gleichzeitig die *Fischschuppenkrankheit* vor. Auch die fleckige Verfärbung der Haut findet sich bei Neurodermitis-Patienten zehnmal häufiger als bei dem Bevölkerungsdurchschnitt.

Augenerkrankungen wie der *Neurodermitiskatarakt* und *Netz-*

hautablösung treten bei Neurodermitis-Erkrankungen häufiger auf.

Bei 80 bis 90 Prozent aller Erkrankten sind Hausstaub, Hausstaubmilbe, Blütenpollen und Katzen- oder Hundehaare beziehungsweise Hautschuppen von Haustieren die häufigsten Allergene. Auch menschliche Schuppen oder Schweißproteine können Allergien hervorrufen. Immer wieder wird geklagt, daß Juckreiz und entzündliche Haut nach dem Genuß bestimmter Nahrungsmittel auftreten.

Bei starker Neurodermitis fallen die Haare diffus aus. Durch die Erkrankung verdickt sich die Haut, und der Gesichtsausdruck wirkt nach innen gekehrt und traurig. Ein wichtiges Zeichen zur Erkennung der Neurodermitis ist das Fehlen der seitlichen Fortsetzung der Augenbrauen, die dort entweder ausfielen oder von Natur aus sehr schwach ausgebildet sind. Frauen und Männer weisen oft am Haaransatz *Geheimratsecken* auf.

Hauptkennzeichen der Neurodermitis ist der quälende Juckreiz, der den Kranken die Nachtruhe raubt. Dies führt zu Unausgeschlafenheit, Reizbarkeit und bisweilen auch zu Leistungsabfall. Manchmal breitet sich die Krankheit im Verlauf von einigen Jahren am ganzen Körper aus.

Behandlung der Neurodermitis

Grundsätzlich ist zu sagen, daß die durch Neurodermitis erkrankte Haut keine Seife verträgt, der Kontakt mit Wasser sollte nur kurz sein, man sollte also nicht baden, sondern duschen. Hautreizende Stoffe sind zu vermeiden. Das gilt auch für falschen Schmuck, da sich durch Nickel- und Kupferlegierungen sofort neue Neurodermitisherde bilden können.

Manchmal stellt die Gabe von *Vitamin A* eine Behandlungsmöglichkeit dar. Vitamin A sollte in der Dosis von 20 000 Internationalen Einheiten (abgekürzt: IE) gegeben werden. Nach drei bis vier Wochen ist eine Pause einzulegen. Danach kann die Kur alle zwei Monate wiederholt werden.

In bestimmten Fällen können auch *Vitamin-E*-Gaben über einen längeren Zeitraum helfen. Die Dosis sollte bei dreimal 100 Milligramm pro Tag liegen. Vitamin E hat den Vorteil, daß es keine Nebenwirkung verursacht, wie es bei der hochdosierten Vitamin-A-Gabe der Fall sein kann.

Sollten schwere bakterielle Infektionen vorliegen, muß die Therapie meist auch *Antibiotika* einbeziehen. Es bedarf eines entsprechenden *Antibiogramms* (= Methode, um die Wirksamkeit antibiotischer Stoffe zu prüfen), um festzustellen, welche Antibiotika am besten zu verwenden sind.

Zur Stärkung der Abwehrlage des Körpers kann alle zwei Wochen *Gammaglobulin* gespritzt werden. Alkoholische Lösungen und Substanzen, die die Haut austrocknen, sind zu vermeiden. Als Hautsalbe hat sich die weiche Zinkpaste *(Pasta Zinci mollis)* besonders bewährt.

Neurodermitis ist eine langwierige Hauterkrankung. Bei jedem Mittel, das aufgetragen wird, sind daher die Langzeitnebenwirkungen zu beachten. Das gilt besonders für *Kortison*präparate.

Folgende *Creme* hat sich *nach dem Baden* (falls erlaubt) oder Duschen bewährt:

10 g Glyzerin
3 g Rosenöl
30 g dreiprozentige Zitronenlösung
mit Unguentum Cordes® auf 100 g auffüllen

Eine Komposition, zu deren Wirkung wertvolle Kräuteröle beitragen, ergibt eine hilfreiche *Salbe gegen* den *Juckreiz:*

3 g Arnikaöl
3 g Beinwellöl
10 g Lanolin
2 Tropfen Pfefferminzöl
5 g Placenta-Extrakt
10 g Vaselin
mit Kühlsalbe (Unguentum leniens) auf 100 g auffüllen

Wenn auch die *Lippen* betroffen sind, ist ein farbloser Lippenstift mit Kamille günstig. In manchen Fällen erwies sich auch die *Schwitzbehandlung* als erfolgreich. Dabei werden ausgetrocknete

Hornschichten auf natürliche Weise durchfeuchtet. Die Haut gewinnt an Geschmeidigkeit.

Ergänzend zu den übrigen Behandlungsmethoden können die anschließend genannten Teemischungen den Heilprozeß wirksam unterstützen.

10 g Argemone mexicana
40 g Echtes Mädesüß
50 g Löwenzahnwurzel
30 g Römische Kamille
20 g Veilchenwurzel
40 g Zwerg-Schafgarbe

Zwei Teelöffel der Mischung mit einem Viertelliter kochendheißem Wasser überbrühen und 10 Minuten ziehen lassen, danach abseihen. Schluckweise vor den Mahlzeiten je eine Tasse trinken.

10 g Anisfrüchte
45 g Fenchel
20 g Huflattich
50 g Löwenzahnwurzel
30 g Römische Kamille
15 g Veilchenwurzel
10 g Vitex negundo

Zwei Teelöffel davon mit einem Viertelliter kaltem Wasser zum Sieden bringen, aufkochen, zwei bis drei Minuten kochen, dann 10 Minuten ziehen lassen und abseihen. Drei bis vier Tassen täglich trinken.

Nach zwei bis drei Wochen umstellen auf:

40 g Echte Kamille
30 g Echtes Mädesüß
20 g Löwenzahnwurzel
10 g Quassia amara
40 g Zwerg-Schafgarbe

Der Tee soll 15 Minuten ziehen, sonst wie oben.

15 g Argemonae mexicana
15 g Baldrianwurzel
25 g Birkenblätter
25 g Brennessel
30 g Melisse
10 g Sesbania grandiflora

Zwei Teelöffel der Mischung mit einem Viertelliter kochendheißem Wasser überbrühen, 10 Minuten ziehen lassen, abseihen. Drei bis vier Tassen täglich trinken.

30 g Brennessel
10 g Calotropis gigantea
10 g Hirtentäschelkraut
20 g Hopfenzapfen
50 g Römische Kamille
10 g Salbei

Zubereitung und Anwendung wie oben.

30 g Brennessel
25 g Fenchel
20 g Holunderblüten
30 g Johanniskraut
15 g Queckenwurzel
10 g Sesbania grandiflora

Zubereitung wie oben. Täglich vier bis fünf Tassen trinken.

10 g Anis
20 g Benediktenkraut
20 g Birkenblätter
20 g Faulbaumrinde
40 g Römische Kamille
10 g Toddalia asiatica
10 g Zanthoxylum arvicennae

Zubereitung und Anwendung wie oben.

20 g Ackerschachtelhalm
30 g Brennessel

30 g Melisse
10 g Quassia amara
40 g Römische Kamille
10 g Salbei
10 g Toddalia asiatica

Zubereitung und Anwendung wie oben.

Konstitutionelle Gesichtsrötung

Diese Rötung tritt meistens streng symmetrisch in beiden Gesichtshälften auf. In manchen Fällen zeichnet sie sich in schmetterlingsartiger Form ab. Die Rötung kann durch ständige Nervosität aufgrund einer Überbelastung hervorgerufen werden, etwa bei dauerhaftem Streß, Prüfungsangst, anhaltenden Streitereien oder auch bei Lärmbelastung. Meistens neigen die Betroffenen auch zu Übergewicht und Schwellungen des Lymphgefäßsystems.

Es empfiehlt sich folgender *Tee:*

10 g Acalypha indica
30 g Ackerschachtelhalm
30 g Baldrianwurzel
30 g Brennessel
10 g Fluggea pilosa
25 g Hopfenzapfen

Zwei Teelöffel der Mischung mit einem Viertelliter kochendheißem Wasser aufgießen, 15 Minuten ziehen lassen, dann abseihen.

In hartnäckigen Fällen kann dieser *Tee* helfen:

20 g Ackerschachtelhalm
20 g Fenchel
20 g Gartenraute
30 g Hirtentäschelkraut
10 g Kigelia africana
30 g Römische Kamille

30 g Salbei
10 g Vitex trifolia

Zubereitung wie oben, aber nur 10 Minuten ziehen lassen. Drei- bis viermal täglich eine Tasse trinken.

Sollte sich keine Besserung einstellen, ist es ratsam, sich vom Arzt eine der Hautsituation angepaßte Salbe zusammenstellen zu lassen, die auch pflanzliche Wirkstoffe (etwa von *Arnika* und *Pfefferminze)* enthält.

Neurodermitis siehe unter *Juckflechte.*

Orangenhaut siehe unter *Cellulite.*

Rauhe Haut siehe unter *trockene Haut.*

Neigung zu rissiger Haut

Rissige Haut bedarf besonderer Pflege, denn offene Hautstellen bieten Schadstoffen und Krankheitserregern eine Eintrittsmöglichkeit in den Körper.

Zur Pflege der Haut des ganzen Körpers eignet sich bei Neigung zu Rissigkeit am besten – nach vorheriger Reinigungsdusche – ein Bad, dem eine Mischung heilwirksamer Pflanzenöle zugesetzt ist.

Ölmischung für ein pflegendes Bad:

5 g Iriswurzelöl
3 g Kamillenöl
10 g Mandelöl
mit Olivenöl auf 100 g Gesamtmenge auffüllen.

Die Öle gut miteinander vermischen, bis eine gleichmäßige Konsistenz erzielt ist. Vier Eßlöffel davon für ein Vollbad nehmen, das nicht länger als eine halbe Stunde dauern sollte.

Es empfiehlt sich, ergänzend dazu am Abend folgenden *Tee* zu sich zu nehmen:

20 g Ackerschachtelhalm
10 g Anis
10 g Argemone mexicana

30 g Fenchel
5 g Kümmel
40 g Römische Kamille

Mit zwei Teelöffeln der Kräuterzusammenstellung und einem Viertelliter Wasser einen Aufguß bereiten, den man 10 Minuten ziehen läßt und anschließend abseiht. Vor dem Zubettgehen eine, höchstens zwei Tassen trinken. Dieser Tee fördert den Schlaf und entspannt die Haut.

Rosacea

Die Rosacea, eine Gesichtsrötung mit Wucherungen, kommt relativ häufig vor. Diese chronische Hauterkrankung tritt hauptsächlich im Bereich von Stirn, Wangen und Nase auf. Die Krankheit beginnt meist zwischen dem 40. und 50. Lebensjahr. Unter ihr leiden Männer ebenso wie Frauen.

Bisher ließen sich keine Faktoren bestimmen, die sich für das Auslösen der Rosacea als besonders typisch erwiesen hätten. Früher dachte man an erbliche Ursachen, doch ist eher zu vermuten, daß Beziehungen zu inneren Krankheiten bestehen, insbesondere im Magen- und Gallenbereich. Etwas gehäuft tritt die Rosacea auch in Verbindung mit hohem Blutdruck auf. Vor dem Beginn der Rosacea ist oft ein Befall durch die Haarbalgmilbe *(Demodex folliculorum)* festgestellt worden, die Zusammenhänge sind jedoch nicht ganz sicher.

In gewisser Hinsicht ist die Rosacea der Akne ähnlich und verwandt. Manchmal entsteht sie nach mehrere Jahre alten Pusteln im Gesicht. Selten kommt sie auch hinter dem Ohr vor.

Die Krankheit verläuft schubweise. Alkoholexzesse können einen Schub auslösen, auch emotionaler Streß kann Rosacea hervorrufen, extreme Witterungseinflüsse, wie starke Sonnenbestrahlung oder starke Kälte, können ebenfalls zu Effloreszenzen führen. Genußmittel, wie Tee, Kaffee, Kakao und Schokolade, beeinflussen den Verlauf der Rosacea ebenso ungünstig. Auf sie gilt es zu verzichten.

Am besten hat sich zur Ausheilung der Rosacea eine streng durchgeführte Vollwertkost bewährt.

Verschieden schwere Phasen kennzeichnen den Krankheitsverlauf:

In der ersten Phase kommt es zur Bildung von Teleangiektasien (bleibenden, sichtbaren Kapillarerweiterungen) und vorübergehenden Hautrötungen. Nach einigen Wochen treten diese Hautrötungen immer heftiger auf und klingen nicht mehr ab.

In der zweiten Phase bilden sich häufig Pusteln mit eitrigem Belag. Im Unterschied zur Akne finden sich hier keine Mitesser. In diesem Stadium greift die Erkrankung auf die Brustbeinregion, den Nacken, den Haaransatz und – selten – den Bereich hinter den Ohren über.

Die dritte Phase fällt durch entzündliche Knötchen und plattenartige Verdickung der Oberhaut auf. Die Krankheit betrifft nun fast die gesamte Gesichtshaut, die Haut wird großporig, entzündet und verdickt.

Im letzten Stadium konzentrieren sich die Hauterscheinungen hauptsächlich auf die Nase, und es kann zur Bildung eines Rhinophyms (Knollennase) kommen.

Bei der *Therapie* kann man auf Antibiotika häufig nicht verzichten. Bewährt haben sich oral angewandte *Tetracycline,* etwa *Tetracyclinhydrochlorid.* Bei der Tetracyclin-Therapie ist zu berücksichtigen, daß die antibiotische mit einer hautregenerierenden Wirkung verbunden sein muß.

Hat die Rosacea bereits auf die Augen übergegriffen, ist die Therapie mit Tetracyclinen zur Erhaltung der Sehfähigkeit unerläßlich.

Nur bei den allerschwersten Arten sollte *13-Cisretinsäure* verwendet werden. Bei Frauen ist aber unbedingt auf eine wirksame Schwangerschaftsverhütung zu achten.

In bezug auf die *äußerliche Behandlung* einer Rosacea ist es wichtig, daß keine stark alkoholhaltigen Lösungen verwendet werden: Sie dürfen eine Alkoholkonzentration von 30 Prozent nicht überschreiten. Zur lokalen Anwendung ist im allgemeinen auch hier das Einbeziehen antibiotischer Substanzen, wie *Tetracycline* und

Erythromycine, angezeigt. Kortisonhaltige Salben und Lösungen sind zu vermeiden, denn Kortison kann eine Rosacea *(Steroid-Rosacea)* auslösen.

Gute Erfolge erbrachte diese *Salbe:*

2 g Ichthyol
10 g Kühlsalbe (Unguentum leniens)
1 g Wismutgallat
3 g Zinkoxyd
mit Wachssalbe (Unguentum cereum) auf 50 g auffüllen

Die sorgfältig zu einer einheitlichen Salbe verrührten Rezeptbestandteile besitzen austrocknende, kühlende und weitere Eigenschaften, die den Heilungsprozeß fördern. Die Salbe morgens und abends auf die von der Rosacea betroffenen Hautstellen auftragen.

Eine Behandlung mit *Benzoylperoxid* in folgender Kombination erwies sich ebenfalls als sehr geeignet:

2 g Benzoylperoxid
10 g Kühlsalbe (Unguentum leniens)
2 g Placenta-Extrakt
mit Salbengrundlage auf eine Gesamtmenge von 50 g auffüllen

Die gut miteinander vermischten Zutaten ergeben eine *Salbe,* die man zwei- bis dreimal dünn auf die befallenen Hautpartien aufbringt.

Die an Rosacea erkrankte Haut ist sehr leicht reizbar und verträgt daher zur Reinigung nur hautschonende Mittel. Zum *Waschen* ist eine alkalifreie, rückfettende Seifenlösung am mildesten.

Zur *Pflege* der Haut eignet sich folgende *Creme:*

4 g ungebleichtes Bienenwachs
3 g Borax
10 g Kakaobutter
3 g Mandelöl
5 Tropfen Rosenöl
20 g Sojaöl
5 g Stearinsäure
mit Basunguent® auf 100 g auffüllen.

Die nichtflüssigen Bestandteile Bienenwachs und Kakaobutter im heißen Wasserbad schmelzen, Borax in etwas heißem Wasser lösen, und diese drei Zutaten mit den übrigen gut verrühren. Die Creme abends auftragen, über Nacht wirken lassen und morgens mit einem alkalifreien Entfernungsmittel abwaschen.

Wirkungsvoll unterstützen läßt sich die Behandlung mit einer *Teemischung:*

30 g Birkenblätter
10 g Eucalyptus alba
20 g Faulbaumrinde
25 g Fenchel
15 g Holunderblüten
10 g Stiefmütterchen
10 g Süßholz

Ein bis zwei Teelöffel der Mischung mit einem Viertelliter kaltem Wasser übergießen und zum Kochen bringen. Kurz aufwallen, dann 15 Minuten ziehen lassen und abseihen. Dreimal täglich eine Tasse trinken.

Rötungen der Haut

Hautrötungen können die verschiedenartigsten Ursachen haben – von Witterungseinflüssen bis zu inneren Erkrankungen. Meist sind sie Symptom und daher Anzeiger von (geringeren oder bedeutenden) Störungen, die berücksichtigt zu werden verlangen. Aus der Vielzahl der möglichen Formen von Hautrötungen seien hier nur einige kurz erläutert.

Rötung mit verschiedenartigen Erscheinungen

Bei dieser Erkrankung handelt es sich um eine allergische Reaktion auf bisher noch unbekannte Reizauslöser.

Die Krankheit kommt in zwei verschiedenen Formen vor.

Die *leichte Form* bereitet weniger starke Beschwerden als die schwere. Sie tritt hauptsächlich im Frühjahr und im Herbst auf. Während der übrigen Jahreszeiten ist die Krankheit kaum nachzuweisen.

Die leichte Form der Erkrankung zeigt folgendes Erscheinungsbild: Es bilden sich flächige, geringfügig erhabene Rötungen. Nach drei bis vier Tagen erweitern sie sich zu etwa fünfmarkstückgroßen Herden. In deren Zentrum liegt eine leicht bläulich bis rötlich verfärbte Abflachung. Gelegentlich treten geringe oberflächliche Hautblutungen auf. Nach einiger Zeit breiten sich die Herde weiter aus und können zusammenfließen. Auch ringförmige Erscheinungen sind nicht selten.

Die *schwere Form* befällt vorzugsweise Männer zwischen dem 20. und 35. Lebensjahr. Die Erkrankung ist häufig eine Reaktion auf eine Virusinfektion, denn sie wird vor allem einige Zeit nach erfolgter Herpesvirusinfektion wirksam. Auch nach anderen Virusinfektionen kommt es zum Ausbruch dieser Hauterscheinungen. Vorausgehen können eine Hepatitis, Melkerknoten, Mumps, Masern, Scharlach, Grippe und Kinderlähmung. Auch bakterielle Infektionen können die Krankheit einleiten. Nach einer akuten Mandelentzündung oder einem schweren Katarrh, ebenfalls nach einer eitrigen Entzündung der Rachenschleimhaut oder nach einer schweren Bronchitis, kommt es zwei bis drei Wochen später zu den Rötungen. Weitere Ursachen können auch bestimmte Arzneimittel sein.

Die schwerere Form der Erkrankung wird von hohem Fieber begleitet. Es bilden sich größere und flächenhafte Blasen. Die Hauterscheinungen entwickeln sich über einen Zeitraum von drei bis vier Wochen. Bevorzugt sind Unterarme und Unterschenkel, der Rücken ist weniger oft betroffen. In schweren Fällen sind auch die Nasenschleimhäute gereizt und entzündet.

In über 90 bis 95 Prozent der Fälle entsteht eine schwere, therapeutisch kaum zu beeinflussende Bindehautentzündung. Im weiteren Verlauf kann noch eine Regenbogenhautentzündung dazukommen.

Der Allgemeinzustand ist schlecht. Es entwickelt sich ein unstillbarer Husten. Nierenentzündung mit Blutausscheidungen im Harn ist eine weitere Folge.

Die Verlaufsformen sind sehr individuell. Bei den schwersten Verlaufsformen bilden sich blutige Blasen, und die Mundschleimhaut ist mitbetroffen. Die Genitalien weisen Entzündungen auf. Manchmal wird die Krankheit durch eine Lungenentzündung erschwert. Die Todesrate dieser Erkrankung liegt bei 20 Prozent.

Therapeutisch empfiehlt sich die Verwendung von *Nikotinsäureamid* in einer Gabe von dreimal 200 Milligramm täglich, dazu *Folsäure* in einer Tagesdosierung von dreimal 10 Milligramm. (Beide Substanzen gehören der Vitamin-B_2-Gruppe an.) In bestimmten Fällen können auch entzündungshemmende Mittel verwendet werden.

Zur Linderung der äußeren Hauterscheinungen hat sich folgende *Salben*zusammenstellung bewährt:

1 g Beinwellöl
50 g Kühlsalbe (Unguentum leniens)
1 g Pfefferminzöl
1 g Ringelblumenöl
mit Basunguent® auf 100 g auffüllen

Die gut gemischte Salbe sollte zweimal täglich auf die betroffenen Hautpartien aufgebracht werden. Sie lindert den Juckreiz, und ihre leicht kühlende Wirkung wird als angenehm empfunden.

Rheumatische Rötung

Die Erkrankung betrifft meistens Kinder, die an Gelenksentzündungen leiden. Hauptsächlich tritt die Rötung bei akutem rheumatischem Fieber auf. Besonders häufig, nämlich bei 25 bis 30 Prozent aller Erkrankten, ist zugleich eine Herzschwäche festzustellen.

Die Krankheitsursache liegt vermutlich in einer Überempfindlichkeitsreaktion auf eine Streptokokkengattung. Bei dieser Erkrankung sollte immer ein EKG durchgeführt werden, um eine

Beteiligung von *Endokarditis* (Herzinnenhautentzündung) auszuschließen.

Als Gegenmaßnahme führte meist die Behandlung der zugrundeliegenden rheumatischen Erkrankung unter Einsatz von Penizillin zum Erfolg. Äußerlich werden die Hauterscheinungen am besten mit einer *Salbe* behandelt, die der Arzt zusammenstellt. Bewährt haben sich darin Kräuteröle, wie *Beinwellöl* und *Ringelblumenöl.*

Wandernde Rötung

Ursachen dieser Rötung sind meist Zeckenbisse, Spinnenstiche, Wespen- oder Mückenstiche, bei denen eine bakterielle Infektion mitübertragen wird. Die Erkrankung findet man vor allem in wald- und gebüschreichen Gegenden Nord- und Mitteleuropas vor. Menschen, die sich beruflich viel im Wald aufhalten, wie Landwirte, Förster, Jäger, sind besonders häufig von ihr betroffen.

Als Krankheitserreger gelten Bakterien, zum Beispiel Chlamydien, oder auch Protozoen (Einzeller). Die Krankheit tritt oft seuchenartig auf.

Allgemein beginnt sie recht unauffällig: Sie äußert sich nur in einer kleinen geröteten Hauterhabenheit mit entzündlichem Rand. Nach einigen Wochen entsteht eine fleckige Rötung, die flächenhaft fortschreitet – eventuell bis zu einem Durchmesser von einem halben Meter. Gelegentlich ist sie mit starkem Juckreiz verbunden. Nach Ablauf von sechs bis acht Monaten heilen die Hauterscheinungen meist aus.

Begleiterscheinungen sind in manchen Fällen Fieber, Nackensteifigkeit, Benommenheit, Bewußtseinsstörungen oder starke Kopfschmerzen, die vorwiegend den Hinterkopf betreffen.

Ergibt sich ein solches der Meningitis (Gehirnhautentzündung) ähnliches Bild, ist unbedingt eine Lumbalpunktion durchzuführen, um mit Hilfe dieser Flüssigkeitsentnahme aus dem Lendenwirbelkanal eine Gehirnhautentzündung ausschließen zu können.

Zur Behandlung hat sich (die Dosis von täglich vier bis fünf Millionen Internationalen Einheiten) *Penizillin* gut bewährt.

Schneller läßt sich die Erkrankung durch (Gaben von täglich dreimal 500 Milligramm) *Tetracyclin* zum Ausheilen bringen.

Folgender *Kräutertee* wirkt sich günstig aus:

100 g Inka-Tee
30 g Mate-Tee
20 g Römische Kamille

Ein bis zwei Teelöffel der Mischung mit einem Viertelliter kochendheißem Wasser aufgießen, 10 Minuten ziehen lassen, dann abseihen. Von diesem Tee dreimal täglich eine Tasse lauwarm trinken.

Schuppenflechte (Psoriasis)

Diese Erkrankung war bereits im Altertum bekannt und schon damals weit verbreitet. Es ist eine entzündliche Hautkrankheit, die, nicht behandelt, jahrelang andauern kann.

Auf den meist runden Entzündungsherden sitzen silberglänzende Schuppen. Bei Ablösung der Schuppen kommt es zu Blutungen.

In Europa sind etwa eineinhalb bis zweieinhalb Prozent der Bevölkerung von der Schuppenflechte betroffen. Neben der Akne zählt die Psoriasis zu den häufigsten Hauterkrankungen in Europa.

Ihre eigentliche Ursache ist noch ungeklärt, doch begünstigen verschiedene Faktoren ihr Auftreten. Eine Psoriasis kann zum Beispiel durch lokale Verletzungen, Entzündungen oder auch durch Umweltschäden hervorgerufen werden – allgemein durch jede Art von Reizung der Haut. Das reicht von Kontaktallergenen (wie Terpentinen, Formaldehyd, Formalin) und dem Tragen synthetischer Kleidungsstücke bis zu Injektionsstellen oder Operationsnarben. Auch Verbrennungen, Verbrühungen und Verätzungen können hartnäckige Psoriasisherde entstehen lassen. Als weitere Auslöser gelten unter anderem Temperaturschwankungen, anhaltende übermäßige Hitze oder Kälte, zu starke Sonnenbestrahlung, zuviel Alkohol, zu große seelische Belastung, übermäßige Gewichtszunahme, Streptokokkeninfektionen und Schwangerschaft.

Zu Beginn einer äußerlichen Psoriasisbehandlung ist es am besten, mit einer ansteigenden Teer- und Salizylsäurekonstellation zu beginnen. Als Erhaltungsdosis reicht dann eine minimale Teer-, Schwefel- und Salizylsäuremenge in entsprechenden Salben oder Lösungen aus.

Zur äußeren Anwendung ist folgende *Salbe* geeignet:

3 g Pfefferminzöl
4 g Salizylsäure
4 g gefällter Schwefel
mit Vaselin auf 50 g auffüllen.

Der Apotheker stellt diese Salbe her, die vor allem bei *starker Schuppenbildung* zu empfehlen ist.

Bei *großflächigen Psoriasisherden* empfiehlt sich folgende *ölige Zusammensetzung:*

2 g Beinwellöl
3 g Eukalyptusöl
3 g Pfefferminzöl
10 g Salizylsäure
mit Olivenöl auf 50 g auffüllen.

Die sorgfältig miteinander vermischten Zutaten ergeben ein Öl, das eine besonders gute Wirkung bei ausgedehnten Herden hat, die sehr trocken sind. Man sollte es zweimal täglich auftragen.

Auch diese *Salbe* zeigte eine gute Wirksamkeit:

1 g Beinwellöl
3 g flüssiges Paraffin
2 g Pfefferminzöl
0,6 g Salizylsäure
30 g Zinkpaste
mit Basunguent® auf 100 g auffüllen.

Diese Salbe aus den gut verrührten Zutaten ein- bis zweimal täglich auf die betroffenen Hautstellen aufbringen.

Eine Beschleunigung des Heilungsprozesses bewirkt eine Intensivbehandlung nach Art einer Kur. Sie beginnt *morgens* mit einem Ganzbad, das ein *Teeröl*präparat enthält. Nach Absprache mit dem Arzt sollte sich eine fünfminütige Ganzkörperbestrahlung mit *UV-B-Strahlen* unmittelbar anschließen. Danach werden die betroffenen Stellen mit einer von ihm verordneten Salbe sanft eingerieben. Am *Abend* empfiehlt sich ein *Meersalzbad* (mit Salz aus dem Toten Meer) von 20 Minuten Dauer.

Einige Zeit danach auf alle von der Psoriasis befallenen Stellen diese, aus folgenden Komponenten bestehende *Salbe* aufbringen:

3 g Arnikaöl
2 g Birkenteer
20 g Pantothenol
2 g Pfefferminzöl
5 g gefällter Schwefel
3 g Steinkohlenteer
mit Salbengrundlage auf 50 g auffüllen.

Alle Zutaten gut miteinander verrühren. Diese Salbe läßt sich auch ohne die eben beschriebene Intensivbehandlung abends anwenden. Morgens hilft ein *Schwefelteerbad,* den Körper von den restlichen Schuppen zu befreien. Danach den Körper mit weichem warmen Wasser, dem etwas Essig zugesetzt wurde (ein Eßlöffel auf zwei Liter Wasser), abspülen.

Weitere Salben, die sich für die Psoriasisbehandlung eignen, sind *Schwefelteersalben.* Eventuell kommt auch eine Kombination von Teersalbe mit *UV-Licht* in Frage. Ebenfalls günstig sind *Moorbäder* mit einem Zusatz von *Schwefel* und *Birkenteer.*

Ein Beispiel für eine *teerhaltige Salbe,* die auch für die *Kopfhaut* verwendet werden kann, ist folgende Zusammensetzung:

15 g Benzoeschmalz
0,3 g Juniperus oxycedrus (Teer)
20 g weiße Quecksilbersalbe
3 g Salizylsäure
mit Basunguent® auf 50 g auffüllen

Diese Salbe zweimal täglich in die Kopfhaut einmassieren.

Bei *hartnäckigen Schuppen auf der Kopfhaut* ist folgende *Lösung* zu empfehlen:

1 g Beinwellöl
3 g Birkenteer
10 g Ichthyol
4 g medizinische Schmierseife
3 g Naphthol
2 g Pfefferminzöl
5 g Rizinusöl
5 g Salizylsäure
mit 70prozentigem Alkohol auf 100 g auffüllen

Diese Lösung sollte zweimal täglich in die Kopfhaut einmassiert werden. Sie läßt sich mit warmem, weichem Wasser wieder abspülen.

Ein ähnlich wirksames Mittel ist diese *Lösung:*

30 g Kamillentinktur
3 g Rizinusöl
8 g Salizylsäure
20 g gelöster Steinkohlenteer
mit 60prozentigem Isopropylalkohol auf 100 g auffüllen

Alle Substanzen sorgfältig zu einheitlicher Konsistenz miteinander verrühren. Zwei- bis dreimal täglich sanft in die Kopfhaut einmassieren.

Die Schuppenflechte kann auch die Lippen befallen, die dann spröde, rissig und voll schmerzhafter Stellen sind. Bei der *Lippen-Psoriasis* hilft folgende *Pflegecreme:*

5 g Aloe vera
3 g Lebertran
5 g Pfefferminzöl
10 g Placenta-Extrakt
mit Salbengrundlage auf 30 g auffüllen

Zubereitung wie oben. Diese Creme täglich drei- bis viermal leicht in die Lippen einmassieren.

Psoriasis kann auch die *Mundschleimhaut* und die *Zunge* betreffen. Es empfiehlt sich folgende *Mundspülung:*

2 g Kamillenöl
3 g Myrrhetinktur
10 g Salbeiextrakt
mit 70prozentigem Alkohol auf 100 g auffüllen

Zehn Tropfen dieser Mischung werden auf einen Teelöffel gezählt und in ein Glas Wasser gerührt. Den Mund täglich sechsmal spülen.

Die äußerliche Behandlung der Schuppenflechte läßt sich innerlich durch verschiedene *Tees* unterstützen. Zunächst ein sehr hilfreiches allgemeines Rezept:

20 g Bingelkraut
25 g Echte Kamille
20 g Erdrauch
20 g Tephrosia purpurea

Zwei Teelöffel der Mischung mit einem Viertelliter kochendheißem Wasser aufgießen, 10 Minuten ziehen lassen und abseihen. Täglich zwei bis drei Tassen davon trinken.

Zur *Ausheilung* wird folgender *Tee* empfohlen, der gleichzeitig die Widerstandskraft des Körpers stärkt:

20 g Ackerschachtelhalm
20 g Inka-Tee
30 g Mate-Tee
40 g Weiße Schafgarbe

Zwei Teelöffel dieses Tees in einem Viertelliter Wasser kurz aufkochen, dann 15 Minuten ziehen lassen und abseihen. Dreimal täglich eine Tasse schluckweise warm trinken.

Tee bei *chronischer Schuppenflechte:*

20 g Acacia farnesina
30 g Ackerschachtelhalm

10 g Annona squamosa
20 g Brennessel
20 g Echte Kamille
20 g Faulbaumrinde

Zubereitung und Anwendung wie oben.

Tee bei Schuppenflechte, die mit *Gelenkbeschwerden* verbunden ist:

20 g Bruchkraut
10 g Färber-Ginster
25 g Hauhechelwurzel
20 g Heidekraut
20 g Johanniskraut
25 g Kalmus
10 g Lavendelblüten
20 g Sida rhombifolia

Zubereitung wie oben, morgens und abends je eine Tasse trinken.

Weitere Teemischungen:

30 g Brennessel
15 g Erdrauch
20 g Fenchel
10 g Isländisches Moos
15 g Löwenzahnwurzel
30 g Weiße Schafgarbe
10 g Zanthoxylum arvicennae

Zwei Teelöffel davon mit einem Viertelliter kochendheißem Wasser überbrühen, 10 Minuten ziehen lassen, abseihen. Täglich drei bis fünf Tassen trinken.

20 g Ehrenpreis
20 g Erdrauch
15 g Hopfenzapfen
10 g Klettenwurzel
10 g Toddalia asiatica

10 g Veilchen
15 g Wacholderbeeren
10 g Wacholderspitzen

Zwei Teelöffel der Mischung mit einem Viertelliter kaltem Wasser übergießen, zum Kochen bringen, kurz aufkochen und 10 Minuten ziehen lassen. Anwendung wie oben.

30 g Brennessel
15 g Brunnenkresse
50 g Echte Kamille
20 g Johanniskraut
15 g Königskerzenblüten
10 g Passiflora incarnata
10 g Sesbania grandiflora
20 g Wegwarte

Von zwei Teelöffeln der Kräutermischung und einem Viertelliter Wasser einen Aufguß bereiten, der 15 Minuten ziehen soll, dann abseihen. Anwendung wie oben.

10 g Calotropis gigantea
30 g Echte Kamille
15 g Kerbel
15 g Löwenzahnwurzel
20 g Melisse
25 g Pfefferminze
20 g Ringelblume
15 g Rosmarin

Zubereitung wie oben, drei bis vier Tassen täglich trinken.

20 g Erdrauch
20 g Fenchel
15 g Hopfenzapfen
15 g Labkraut
40 g Römische Kamille
10 g Samadera indica
30 g Schafgarbe

Zwei Teelöffel davon in einem Viertelliter (kaltem) Wasser zum Kochen bringen, zwei bis drei Minuten kochen, 15 Minuten ziehen lassen und abseihen. Täglich drei bis vier Tassen schluckweise trinken.

20 g Birkenblätter
15 g Ehrenpreis
20 g Faulbaumwurzel
15 g Löwenzahnwurzel
40 g Pfefferminze
10 g Sesbania grandiflora
30 g Weiße Schafgarbe
10 g Zanthoxylum arvicennae

Zubereitung und Anwendung wie oben.

20 g Berberitze
40 g Echte Kamille
20 g Ehrenpreis
15 g Klette
15 g Labkraut
20 g Queckenwurzel
10 g Samadera indica
30 g Schafgarbe
20 g Tausendguldenkraut

Zubereitung und Anwendung wie oben.

Schweißbläschen (Dyshidrosis)

Die Erkrankung beruht auf einer gestörten Schweißdrüsenfunktion und äußert sich in juckenden Bläschen an Händen und Füßen. An den Händen ist das Auftreten der Bläschen mit dem wasserklaren Ausfluß am seitlichen Rand des dritten, vierten und fünften Fingers typisch.

Die Krankheit trifft vor allem Menschen zwischen zwanzig und fünfundvierzig Jahren. Verursacht wird sie vielfach durch andere

Erkrankungen, etwa Stoffwechsel- oder Hautpilzerkrankungen, oder durch Überempfindlichkeit, zum Beispiel gegen Medikamente. In manchen Fällen wird die Dyshidrose durch eine allergische Reaktion auf Nickel, Bronze oder Messing hervorgerufen, oft auch durch emotionelle Belastungen ausgelöst.

Häufigkeit und Ausmaß der Dyshidrose zeigen jahreszeitliche Unterschiede. Während der Sommermonate ist die Schweißsekretion verstärkt, daher kommt die Dyshidrose vor allem zwischen Juni und September vor.

Gefährlich kann die Erkrankung werden, wenn bakterielle Infektionen zu Eiterungen führen.

Zur *Behandlung* eignet sich die Einnahme von *Nicotinsäureamid* in einer Tagesdosis von dreimal 200 Milligramm über eine Zeitdauer von drei Wochen. Günstig ist ebenfalls die Vitamin-B_2-Komponente *Folsäure,* fünf Wochen lang in einer Menge von täglich dreimal fünf Milligramm verabreicht.

Bewährt haben sich auch *Tropfen* zur Einnahme, die Auszüge aus *Hopfen, Johanniskraut* oder *Passionsblume* enthalten.

(Nur dann, wenn alle Naturheilmittel versagen, setzt der Arzt vielleicht kurzfristig niedrig dosierte *Glukokortikoide,* das sind Hormone aus der Nebennierenrinde beziehungsweise entsprechende synthetische Verbindungen, ein.)

Bei stärkerer Bläschenbildung sind manchmal feuchte Verbände mit einer *Elektrolyt-Lösung* vorteilhaft.

Wirksam sind ebenfalls desinfizierende *Lösungen* oder *Salben,* die *Kamillenöl, Pfefferminzöl* oder *Salbeiöl* enthalten. Durch diese Öle werden hautfreundliche Stoffe zugeführt, die den Regenerationsvorgang der Haut beschleunigen.

Erkrankung der Schweißdrüsen und Hyperhidrosis

Die menschlichen Schweißdrüsen liegen im Unterhautbindegewebe und sind röhrenförmige Hautdrüsen, deren schweißabsondernder Hauptteil knäuelförmig gewunden ist – bei Bewohnern der Nordhemisphäre unserer Erde drei- bis viermal nach rechts. In Australien und Neuseeland zum Beispiel sind diese Knäuel gegen den Uhrzeigersinn gedreht. Die Ursache dafür liegt vermutlich im Magnetfeld der Erde.

Der normale Schweiß ist geruchlos, farblos, klar und wäßrig. Er besteht zu 98 Prozent aus Wasser und ist mit Kochsalz und weiteren Salzen, Spurenelementen, wie Kalium, Kalzium und Magnesium, dazu mit organischen Säuren und anderen Stoffen versetzt. Die Schweißausscheidung unterstützt in manchen Fällen die Ausscheidung über die Nieren.

Wichtigste Aufgabe der Schweißabsonderung ist die Wärmeregulierung des Körpers. Ist die Fähigkeit zu schwitzen gestört, kommt es schnell zu Fieberanfällen, die sogar lebensbedrohend sein können.

Die maximale Schweißsekretion beträgt bei einem Körpergewicht von 80 Kilogramm drei bis dreieinhalb Liter pro Stunde. Übermäßiges Schwitzen *(Hyperhidrosis)* wird durch verschiedene Faktoren ausgelöst, zum Beispiel durch Schilddrüsenstörungen, durch starke körperliche Anstrengung, bei Übergewicht bereits durch geringste körperliche Anforderungen, durch hormonelle Veränderungen während des Klimakteriums und durch emotionale Anspannung. Übermäßige Schweißsekretion kann bereits im Kindesalter auftreten und verliert sich dann meist nach der Pubertät. Am häufigsten sind Achselhöhlen, Handflächen und Fußsohlen davon betroffen, seltener Stirn oder Nasenspitze. Das feuchtwarme Milieu der Achselhöhlen begünstigt die Entwicklung und Vermehrung von Bakterien, deren Vielzahl den Schweiß dort übelriechend werden läßt. Schweiß bildet nicht nur den Nährboden für Bakterien, sondern auch für Viren und Pilze. In diesem Fall können intertriginöse (entzündliche) Ekzeme und oberflächliche Hauteiterung entstehen.

Patienten, die unter starker Schweißabsonderung leiden, sind meistens körperlich schwach, übererregbar und weisen oft schlecht durchblutete Extremitäten auf.

Übermäßiges Schwitzen in den Achselhöhlen ist meist auf Streßsituationen zurückzuführen. Manchmal treten Schweißausbrüche anfallartig auf. Dabei werden die Achselhöhlen völlig durchnäßt, was sich dann als weiße oder braune Ränder in der Kleidung, hervorgerufen durch den Natriumchloridgehalt des Schweißes, unliebsam bemerkbar macht.

Von übermäßiger Schweißsekretion betroffene Hände sind eher kühl, denn die ständigen Ausbrüche setzen die Körpertemperatur durch die Verdunstungskälte herab. Die Schweißperlen finden sich meist in den Handflächen und den Fingerbeugen. Bei Schülern wird auf diese Weise das Schulheft feucht und die Schrift verschmiert. Sogar beruflich kann übermäßige Schweißproduktion Nebenwirkungen haben, etwa bei Elektrikern. Sie werden leichter elektrisiert, da feuchte Haut den Strom besser leitet.

Besonders Mädchen leiden unter der Hyperhidrosis sehr. Denn eine auffällig starke Sekretion beeinträchtigt natürlich ihr Schönheitsideal. Es kann Kontaktangst entstehen, da sich bei jedem Händedruck die Sekretion ja unangenehm bemerkbar macht.

Schweißausbrüche an den Fußsohlen sind ebenfalls recht unangenehm. Fehlende Luftzirkulation erlaubt eine nur mangelhafte Verdunstung und fördert daher die Ansiedlung und Verbreitung zahlreicher Bakterien. Am häufigsten werden *coryneforme Bakterien* angetroffen. Solche grampositiven Bakterien mit sehr wandelbarer Gestalt bevorzugen, wenn sie diesen feuchten Lebensraum wählen, einen niederen pH-Wert. Sie zersetzen die obersten Hornhautschichten. Die Haut reagiert darauf mit starker Verhornung *(Hyperkeratose)* an bestimmten Stellen, gleichzeitig besteht die Neigung zu hartnäckigen Hühneraugen. Sobald der Fußschweiß bestimmte Bakterien enthält, ergibt sich ein unangenehmer, durchdringender Geruch.

Um solche Bakterienansammlungen nicht noch zu verstärken, einen gewissen Luftaustausch zu gewährleisten und zusätzliche Hautreizungen zu vermeiden, sollte bei Neigung zu starken Schweißausbrüchen nur *Wäsche* aus *natürlichen Fasern*, wie Wolle oder Baumwolle, getragen werden. Um der Besiedelung durch Bakterien entgegenzuwirken, ist das tägliche Wechseln der Unterwäsche wesentlich.

Ebenso wichtig wie Naturstoffe bei der Kleidung sind Schuhe

aus echtem Leder. Jede Art von Gummi oder Kunststoff ist abzulehnen. Auch Holzsohlen wirken sich ungünstig aus, weil die dicke Holzschicht keine ausreichende Schweißverdunstung ermöglicht. Im Sommer sollten selbst bei höheren Temperaturen stets Socken getragen werden, denn deren natürliche Baumwollfasern saugen den Schweiß gut auf.

Daß insgesamt auf eine sorgfältige Körperhygiene zu achten ist, bedarf keiner ausführlicheren Erwähnung. Dabei empfiehlt es sich, die betroffenen Stellen täglich mit adstringierenden (zusammenziehenden) Mitteln zu reinigen.

Behandlungsmöglichkeiten übermäßiger Schweißsekretion

Viele Kliniken bieten eine Operation an, bei der bestimmte Nervenfasern durchtrennt werden. Die chirurgisch eingeleitete Sympathikusunterbrechung eignet sich aber nur bei Schweißausbrüchen an Händen und Fingern. Als Nebenwirkung dieser Operation kommt es bisweilen jedoch zu verschiedenen Störungen. Gelegentlich haben Patienten das Gefühl, weniger zu spüren. Außerdem kann die Wärmeregulation beeinträchtigt sein, so daß der Betreffende unter anderem an kalten, gefühllosen Händen leidet. Weil das Risiko der Nebenwirkungen in keinem Verhältnis zum angestrebten Erfolg steht, wird diese Operation heute immer seltener durchgeführt. Überdies ist die Entwicklung der Phytopharmaka und Psychopharmaka so weit vorangeschritten, daß auf chirurgische Eingriffe immer mehr verzichtet werden kann. (Nur in manchen Fällen, in denen in immer kürzeren Abständen Abszesse, Furunkel oder Karbunkel entstehen, ist die operative Entfernung bestimmter Schweißdrüsen zu überlegen.)

Pharmakologisch wirksame pflanzliche Mittel können die Reizleitung unterbrechen, so daß keine Schweißsekretion mehr stattfindet. Es werden die sekretionsauslösenden Nervenimpulse gestoppt, indem ähnliche Stoffe die natürlichen Reizauslöser verdrängen. Der Nervenimpuls wird an einer bestimmten Stelle, an der sich nun ein nicht mehr weiterleitender Stoff befindet, nicht weitergegeben.

Substanzen, die die Schweißsekretion blockieren, sind vor allem Inhaltsstoffe von *Stechapfel, Tollkirsche* und *Fliegenpilz.* Eine Nebenwirkung dieser Pharmaka ist die hohe Giftigkeit, andererseits gewährt die geringe therapeutische Bandbreite nur eine kleine Spanne zwischen heilwirksamer und giftiger Dosis. Die Anwendung solcher Mittel gehört daher ausschließlich in die Hand eines umsichtigen und erfahrenen Arztes.

Von *Säuren,* die die Schweißsekretion hemmen, ist allgemein abzuraten. Säuren können die Ausgänge der Schweißdrüsen verätzen. Solche Säuren sind etwa *Trichloressigsäure* oder *Gerbsäure.* Auch *Aldehyde,* wie *Formaldehyd,* können die Ausgänge verändern. Außerdem gelten Aldehyde wegen ihrer möglichen krebsauslösenden Wirkung bei längerer Anwendung als sehr bedenklich.

Metallsalze vermögen die Schweißdrüsenausgänge ebenfalls zu blockieren. Dazu zählen vor allem die Salze des *Aluminiums, Vanadiums* und eventuell auch *Zirkoniums.*

Am günstigsten ist es, eine übermäßige Schweißproduktion zunächst mit den natürlichen Wirkstoffen, die eine Kräutermischung bietet, zu hemmen.

Folgender *Tee* gibt diese Möglichkeit:

40 g Johanniskraut
30 g Melisse
40 g Salbeiblätter
30 g Weiße Schafgarbe

Mit zwei Teelöffeln der Mischung und einem Viertelliter Wasser einen Aufguß herstellen, den man 15 Minuten ziehen läßt und dann abseiht. Dreimal täglich eine Tasse lauwarm trinken.

Gleichfalls hilft diese *Öl-Zusammenstellung,* Schweißausbrüche zu verhindern:

1 g Pfefferminzöl
20 g Salbeiöl
10 g Zypressenöl

Von der gut durchgeschüttelten Mischung täglich dreimal 10 Tropfen einnehmen. Ihr strenger Geschmack läßt sich am besten mit einem nachfolgenden Löffel Honig beseitigen.

Puder, die vorzugsweise aromatische Öle enthalten, wirken einer übermäßigen Schweißproduktion ebenfalls entgegen und binden den unangenehmen Schweißgeruch.

Manchmal sind Umstellungen oder Störungen im Organismus Auslöser einer erhöhten Schweißabgabe.

Bei *Nachtschweiß* und in den *Wechseljahren* führt dieser *Tee* eine Besserung herbei:

40 g Cimicifuga racemosa
30 g Salbei
20 g Triphasia trifolia

Zubereitung und Anwendung wie bei obigem Teerezept, den Aufguß jedoch nur 10 Minuten ziehen lassen.

Gegen Schweißausbrüche infolge von *Stoffwechselstörungen* eignet sich ein anderer *Kräutertee:*

40 g Ackerschachtelhalm
20 g Birkenblätter
20 g Capparis horta
30 g Weiße Schafgarbe

Zubereitung wie oben, aber 15 Minuten ziehen lassen. Dreimal täglich vor dem Essen je eine Tasse zu sich nehmen. Aufgrund der leicht wassertreibenden Wirkung wird weniger Schweiß produziert, und überflüssige Wasseransammlungen im Körper werden über die Nieren und Harnwege abgeleitet.

In Form von *Tropfen* empfiehlt sich folgende Zusammenstellung zur Einnahme:

4 g Kampfer
30 g Passiflora incarnata (Extrakt)
50 g Salbei-Extrakt
mit 70prozentigem Alkohol auf 100 g auffüllen.

Die Dosierung beträgt dreimal 10 Tropfen täglich.

In *hartnäckigen Fällen* können die Stellen, die besonders viel Schweiß abgeben, mit folgender *Lösung* bepinselt werden:

30 g Aluminiumhexachlorid
30 g Wasser
mit 95prozentigem Alkohol auf 100 g auffüllen.

Diese Lösung wird zwei- bis dreimal täglich auf die betreffenden Stellen aufgetragen.

Sind die *Fußsohlen* sehr betroffen, haben sich *Fußbäder* mit einer Lösung von *Kaliumpermanganat* bewährt, um eine unangenehme Schweißsekretion zu verhindern. Kaliumpermanganat muß so gelöst sein, daß sich ein leicht rosaroter Farbton zeigt.

Schwielen

Mit Haut*schwielen* oder *Tylosen* meint man Verdickungen der Hornschicht, die durch chronische Hautreizung entstanden. Ursache dieser Hautreizung sind mechanische Einwirkungen. Bevorzugte Bereiche, an denen sich häufig Schwielen bilden, sind die Handinnenflächen, die Fersengegend und die Haut um den Zehenballen.

Schwielen finden sich vor allem bei Schwerarbeitern und bei Leistungssportlern. Aber auch durch ungeeignetes Schuhwerk ergeben sich an bestimmten Stellen ständige Druck- und Reibungspunkte, die Schwielen hervorrufen.

Mit bestimmten Tätigkeiten sind charakteristische Schwielenbildungen verbunden: Tennisspieler zeigen meist innen an der Handkante starke Verdickungen; Melker neigen in der Gegend der Daumengrundgelenke zur Schwielenbildung; Ordensschwestern, die regelmäßig länger kniend beten, bekommen Hornhautverdickungen an den Knien, und zwar rund um die Kniescheiben – auch Hausfrauen und Putzfrauen, die Böden früher auf den Knien rutschend putzten, wiesen diese Bildung oft auf.

Zur Verhinderung von Schwielenbildung sollte die Haut vorbeugend mit folgender *Creme* eingerieben werden:

10 g Avocadoöl
3 g Bienenwachs
1 g Borax
1 g Ilang-Ilang-Öl

5 g Kakaobutter
0,5 g Salbeiöl
mit Salbengrundlage auf 100 g auffüllen.

Bienenwachs und Kakaobutter im kochenden Wasserbad schmelzen, Borax in etwas heißem Wasser lösen. Anschließend diese mit den übrigen Zutaten sorgfältig verrühren.

Ebenso ist dieses *Massageöl* zu empfehlen:

10 g Avocadoöl
10 g Emulgator
2 g Rosmarinöl
2 g Salbeiöl
30 g Sojaöl
5 g Weizenkeimöl
2 g Zitronenöl
mit Olivenöl auf 100 g Gesamtmenge auffüllen.

Beim Zusammenfügen der Zutaten auf eine möglichst gute Durchmischung und einheitliche Konsistenz achten. Das Öl nach jedem Bad sanft in die Haut einmassieren – am ganzen Körper.

Bei bereits vorhandenen Schwielen kann eine andere, nur aus verschiedenen pflanzlichen *Ölen* bestehende Mischung nach dem Bad die Haut pflegen:

5 g Avocadoöl
2 Tropfen Ilang-Ilang-Öl
10 g Mandelöl
20 g Sojaöl
3 Tropfen Zitronenöl
mit Olivenöl auf 100 g auffüllen.

Zubereitung wie oben. Vor allem die betroffenen Stellen mit dem Öl einmassieren – solange die Haut dort durch das Wasser noch etwas aufgeweicht ist.

Schwielen, die auf falsche Lebensgewohnheiten zurückzuführen sind, können durch eine entsprechende Umstellung zum Abklingen gebracht werden. Voraussetzung dafür sind eine sorgfältige Pflege der Haut und richtiges Schuhwerk. Doch sollten auch Mittel eingesetzt werden, die von innen her für die gesunde Haut unerläßliche Stoffe zuführen, wie Vitamin A, Vitamin C, Mineralstoffe und Spurenelemente.

Strapazierte Haut

Wenn sich die Haut rauh und rissig anfühlt, verhilft dieses *Bad* ihr wieder zu Geschmeidigkeit:

30 g Haferstroh
1 Eßlöffel Honig
1 Teelöffel Kamillenextrakt

Bei einer Wassertemperatur von etwa 32 Grad und einem (optimalen) pH-Wert des Wassers von 7,3 bis 7,6 – zu saures Wasser eventuell alkalisieren und ein zu basisches ansäuern – 30 Minuten darin baden.

Nach diesem Bad fühlt sich die Haut glatt und seidenweich an. Es entspannt die Haut und beugt damit der Faltenbildung vor.

Bei Streß und Unruhe, die auf die Haut einwirken, dient folgendes *Kräuterbad* der Erholung:

40 g Baldrianwurzel
30 g Hopfenzapfen
30 g Kalmus
30 g Kamillenblüten
20 g Zanthoxylum arvicennae

Die Kräuter in einer ausreichenden Menge Wasser zum Sieden bringen, kurz aufkochen, dann 30 Minuten ziehen lassen und abseihen. Einen halben Liter davon für ein Vollbad nehmen. Zwanzig Minuten (aber nicht länger) im Bad liegen bleiben, damit die Haut die pflanzlichen Wirkstoffe aufnehmen kann.

Nach diesem Bad empfiehlt es sich, eine Tasse *Tee* folgender Mischung zu trinken:

10 g Alstonia scholaris
10 g Argemone mexicana

10 g Calotropis gigantea
30 g Echte Kamille
20 g Holunderblüten
30 g Lindenblüten
20 g Weiße Schafgarbe

Von zwei Teelöffeln dieser Zusammenstellung und einem Viertelliter Wasser einen Aufguß bereiten, den man 10 Minuten ziehen läßt und anschließend abseiht.

Zu trockene und rauhe Haut

Meistens ist die Neigung zu diesem Hauttyp angeboren. Solche Haut bedarf einer besonderen Pflege. Vorsicht ist bei Seife angebracht, denn sie könnte die Haut noch mehr austrocknen.

Folgende *Teemischung* kann bei diesem Hauttyp helfen:

30 g Brennessel
30 g Römische Kamille
25 g Schafgarbe
20 g Wedelia chinensis

Einen Teelöffel davon mit einer Tasse kochendheißem Wasser aufgießen, 10 Minuten ziehen lassen und abseihen. Zwei- bis dreimal täglich eine Tasse trinken.

Nach zwei bis drei Wochen umstellen auf diesen *Tee:*

10 g Celosia argentea
20 g Eupatorium japonicum
30 g Holunderblüten
30 g Kamillenblüten
20 g Königskerzenblüten
20 g Lindenblüten
30 g Pfefferminze

Zubereitung und Anwendung wie oben.

Bei trockener Haut ist besonders darauf zu achten, daß der Körper täglich eine bestimmte Menge *Vitamin E und Vitamin A* in natürlichem Zustand zugeführt bekommt. Ebenso sollte auf den *Vitamin-C*-Bedarf geachtet werden. Darüber hinaus sind *Kneipp-Kuren* empfehlenswert.

Wird die Haut vor dem Einschlafen gebürstet, so nur mit einer Bürste, die Naturborsten besitzt. Man sollte sparsam mit alkoholischen Lösungen und Tinkturen umgehen (Rasierwasser, Deodorants und dergleichen).

Weißfleckenkrankheit

Die Weißfleckenkrankheit zeigt sich in flächenartig auftretenden Pigmentverlusten, die im Lauf von Monaten und Jahren immer mehr zunehmen. Manchmal sind großflächige Bereiche weiß und pigmentlos, während nur noch wenige Hautpartien Pigmentierung aufweisen.

Etwa ein Prozent der Bevölkerung Mitteleuropas wird von dieser Erkrankung heimgesucht. Bei etwa 35 Prozent der Betroffenen besteht eine familiäre Vorbelastung.

Auslösend für die Krankheit wirken Verbrennungen, oftmalige zu starke Sonnenbäder mit schwerem Sonnenbrand. Auch nach schwerwiegenden Streßsituationen, wie Bombenangriffen oder Verkehrsunfällen wurde sie öfter beobachtet. Neben der Weißfleckenkrankheit werden häufig Schilddrüsenentzündung, Zuckerkrankheit, kreisförmiger Haarausfall, Schmetterlingsflechte, vererbte Muskelschwäche oder Dünndarmentzündung festgestellt.

Bei der Hälfte der Erkrankten beginnt die Weißfleckenkrankheit bereits im Alter von 20 bis 25 Jahren. Die sichtbaren Symptome äußern sich anfangs als pfenniggroße helle Flecken auf der normal pigmentierten Haut. (Bei sonnengebräunter Haut fällt der Kontrast besonders auf.)

Die ersten farblosen Flecken sind in der Afterregion zu bemerken. Dann geht der Pigmentverlust meist auf Handrücken, Nacken und Achselregionen über. Manchmal ist fast die gesamte Körperfläche davon betroffen, und nur wenige normalpigmentierte Stellen bleiben übrig. In solchen Fällen ist auch immer die Möglichkeit des Albinismus einzubeziehen. Untrügliches Kennzeichen dieser ererbten Unfähigkeit zur Farbstoffbildung ist eine fehlerhafte oder ganz fehlende Pigmentierung der Iris.

Bei der Weißfleckenkrankheit können ebenso einzelne Haarbüschel die Farbe verlieren. Das Haar ist dann von vollkommen weißen oder grauen Strähnen durchsetzt.

Zu den ersten Maßnahmen bei Auftreten der Weißfleckenkrankheit sollte stets die Kontrolle des Blutbildes zählen, damit ein eventueller Vitamin-B_{12}-Mangel sofort erkannt wird. Ebenso ist eine Überprüfung der Schilddrüsenfunktion nötig, um eine Unter- oder Überfunktion ausschließen zu können.

Zur *Therapie* der Weißfleckenkrankheit sollten drei Wochen hindurch täglich 0,3 bis 0,5 Gramm *Vitamin C* eingenommen werden. Bei Krankheitsbildern, die nicht älter als zwei bis drei Wochen sind, wählt der Arzt vielleicht das Spritzen von *Steroid-Präparaten.*

Wenn die Therapie erfolgreich verläuft, kommt es nach ein bis zwei Monaten zu einer neuerlichen Pigmentierung. Es ist jedoch notwendig, die Behandlung noch bis sieben oder acht Wochen danach durchzuführen, um den Therapie-Erfolg zu sichern. Die Erfolgsquote liegt bei 25 bis 30 Prozent. Manchmal gelingt die Anregung zur Wiederpigmentierung der Haut auch durch Gaben von *Betakarotin,* und zwar drei bis vier Wochen hindurch in einer täglichen Dosierung von 100 Milligramm. Danach empfiehlt es sich, als Erhaltungsdosis weiterhin die Hälfte zu nehmen, also 50 Milligramm.

Ein Weiterausbreiten der Erkrankung läßt sich möglicherweise durch folgende *Regenerationscreme* verhindern:

5 g Beinwellöl
10 g Bienenwachs
10 g Kakaobutter
10 g Mandelöl
3 g Pfefferminzöl
5 g Traubenkernöl
20 g Weizenkeimöl
mit Salbengrundlage auf 100 g auffüllen.

Bienenwachs und Kakaobutter im kochenden Wasserbad schmelzen und mit den angegebenen Ölen gut verrühren. Die betroffenen Hautstellen zweimal täglich damit eincremen.

Folgende Kombination, als *Tropfen* verabreicht, unterstützt diese Behandlung von innen her:

30 g Aromatische Eisenlösung
30 g Echinacea purpurea (Extrakt)
20 g Ginsengextrakt
20 g Propolistinktur

Von dieser Lösung dreimal täglich 20 Tropfen (vor dem Essen) einnehmen.

Kräutertee zur Vorbeugung:

30 g Alpen-Frauenmantel
30 g Echinacea purpurea
40 g Römische Kamille
40 g Zwerg-Schafgarbe

Einen Teelöffel davon mit einer Tasse kochendheißem Wasser überbrühen und zehn Minuten ziehen lassen. Schluckweise über den Tag verteilt trinken.

Zweites Kapitel

Robust und doch empfindlich: das Haar

So wird Ihr Haar schöner und gesünder

Haare – unsere Zeit hat ihnen ein Musical *(Hair)* gewidmet, besingt sie als Zeichen ungebändigter Freiheit. Aber schon der Bibel gaben sie Stoff für eine Legende: Samson verliert seine Stärke, als ihm seine Geliebte Delila das Haar abschneidet. Immer waren Haare ein Symbol der Kraft – im Sprachgebrauch aber bringt man sie häufig mit *klein, fein* oder *genau* in Verbindung. Um *Haaresbreite* sind wir einem Unglück entkommen, wir weisen etwas *haarscharf* nach, erzählen etwas *haargenau,* betreiben *Haarspalterei.*

Die Haare sind der robusteste Teil unseres Körpers, neben den Hornhäuten und den Fingernägeln. Trotzdem reagieren sie auf das Feinste. Haare melden Angst: Uns *stehen die Haare zu Berge,* sie *sträuben sich,* wir bekommen eine Gänsehaut. Zeigen sie auch das Temperament an? Bei Rothaarigen wundert man sich nicht über Jähzorn, bei Schwarzhaarigen vermutet man Leidenschaft. Ein wilder Haarschopf gilt jedenfalls als Zeichen der Männlichkeit. Das Umgekehrte stimmt aber auch: Eine Glatze verrät, daß ein bestimmtes männliches Hormon reichlich vorhanden ist, ein Hormon, das überraschenderweise den Bartwuchs fördert, das Haupt jedoch kahl werden läßt.

Haare sind erotisch reizbar, sind schön – sie verraten aber auch Krankheiten. Bei bestimmten Formen von Unterernährung können sich die Haare fahlrötlich verfärben. Bei anderen Krankheiten wirkt das Haar strähnig, fettig oder glanzlos. Veränderungen in der Behaarung lassen Störungen im Hormonhaushalt oder Organerkrankungen vermuten.

Geheimnisvolle Haare: Für den Mediziner nur ein Hautanhangsgebilde, sind sie ein Teil des mächtigsten Schutzschilds unseres Körpers, der Haut, und dazu bestimmt, uns zu wärmen und zu schützen.

Um zu verstehen, was ihnen nützt, betrachten wir das Haar etwas genauer unter dem Mikroskop.

Zwischen Haut und Haar bestehen enge Wechselbeziehungen.

Die *Haarwurzel* steckt in einer Hauteinsenkung, die bis in die unterste Hautschicht reicht. Von dort bezieht das Haar Kalk, Eisen, Vitamin B und sonstige Nährstoffe. Eine Talgdrüse darüber sorgt dafür, daß das Haar geschmeidig ist und glänzt. Der über die Haut hinausragende Teil des Haares wird als *Haarschaft* bezeichnet.

Was dem Auge als glatt erscheint, besteht in Wirklichkeit aus dachziegelartig aufgebauten Hornplättchen. Eine Kittsubstanz hält deren einzelne Lagen zusammen. Sie umgeben verschiedene weitere Schichten, die von Chemikalien – zum Beispiel beim Bleichen – angegriffen werden können.

Da das Haar die Kräfte für sein Wachstum von innen bezieht, muß die Behandlung dort ansetzen, wenn es krank oder falsch ernährt ist.

Ohne diese Unterstützung nützt die beste Tinktur nichts, mit der wir das Haar äußerlich pflegen möchten. Wichtig ist dann eine gesunde, an Vitaminen und Spurenelementen reiche Ernährung, deren wertvolle Ergänzung die im weiteren genannten natürlichen Heilmittel bilden. Sie sind zum Teil als Tropfen einzunehmen, zum Teil äußerlich anzuwenden – für die Kopfhaut und das Haar selbst.

Wenn die Haare ausfallen

Vielen Menschen bereitet der Haarausfall am meisten Sorge. Es ist ganz natürlich, daß wir nach jedem Kämmen oder Bürsten einige Haare verlieren. Bedenklich wird es dann, wenn mehr Haare ausfallen als nachwachsen.

Jeder Mensch besitzt 80 000 bis 120 000 Kopfhaare, die keineswegs gleichmäßig und beständig wachsen. Je nach Tages- oder Jahreszeit gibt es Ruhepausen und Wachstumsperioden. Ebenso unterliegt das Haar einem Alterungsprozeß: Jedes Haar hat eine Lebenszeit von zwei bis sechs Jahren. Dann stößt das neue, nachwachsende Haar das alte ab.

Bis zu hundert Haare wachsen pro Tag nach. Übersteigt der tägliche Haarverlust diese Zahl, muß man der Ursache dafür nachgehen. Möglich sind vor allem Streß, Ernährungsmängel oder Krankheiten. Eine genaue Untersuchung des Haars – der Haarwurzel, des Haarschafts und der Haarspitze – kann Auskunft über eine mögliche Erkrankung geben. Denn jede Veränderung läßt Rückschlüsse zu. Ein gesundes, kräftiges Haar weist keinerlei Einbuchtungen, Risse, Spaltungen oder andere Veränderungen auf.

Grundsätzlich ist immer dafür zu sorgen, daß das Haar genügend Sonne und frische Luft erhält. Geradezu eine Pflichtübung ist es, das Haar nach dem Waschen kräftig durchzubürsten. Dabei wird zugleich die Kopfhaut massiert.

Allgemein ist zur *Stärkung der Kopfhaut* und *gegen Haarausfall* zu empfehlen:

60 g Rosmarinspitzen
40 g Schafgarbe

Die Kräuter in einem Liter hochprozentigem Alkohol (96 Prozent) ansetzen und zwei Wochen stehen lassen. Dann abseihen, den Rückstand in einen Liter Wasser geben, diesen nach zwei bis drei Stunden ebenfalls abseihen, und alles zusammen noch einmal zwei Wochen in die Sonne stellen. Damit die Kopfhaut einmal täglich vorsichtig einmassieren.

Hilfreich ist auch diese *Tinktur:*

In einem Liter 96prozentigem Alkohol werden 100 Gramm Salbeiblätter angesetzt und zwei Wochen stehen gelassen. Dann abseihen und den Rückstand mit einem Liter Wasser kalt ziehen lassen, nochmals abseihen und die beiden Flüssigkeiten zusammenmischen. Die Kopfhaut damit einmal täglich einmassieren.

Es hat sich auch bewährt, die Kopfhaut nach einer *Brennessel-Haarwäsche* mit süßem *Mandelöl* einzumassieren.

Haarausfall als Folge von *Streß*: Streß stellt sich nicht nur bei harter Arbeit ein. Auch Kummer, Trennung von einem Menschen oder Verlust des Arbeitsplatzes wirken sich als Streß aus. Wenn in solchen Zeiten seelischer Schwierigkeiten Haare ausfallen, kann diese *Tinktur* helfen:

20 g Baldrianwurzel
40 g Brennesselwurzel
30 g Kalmuswurzel

Alles in einem Viertelliter 70prozentigem Alkohol ansetzen, dreißig Tage stehen lassen, dann abseihen. Von dieser Tinktur zweimal täglich ein bis zwei Eßlöffel einnehmen. Die Mischung stabilisiert Ihre Seelenlage und entspannt gleichzeitig die Kopfhaut.

Bei Haarausfall wegen *Mineralstoffmangels* empfiehlt es sich, regelmäßig *Heilerde* oder *Kieselerde* einzunehmen. Außerdem ist auf eine *vitaminreiche Kost* zu achten.

Darüber hinaus sollte die Kopfhaut in zweiwöchigem Abstand mit *Klettenwurzelöl,* dem eine geringe Menge *Eukalyptusöl* zugesetzt wird, behandelt werden. Ein weiterer Tip: Wöchentlich *kalte Wassergüsse* über Schulter und Arme nach KNEIPP. Dadurch werden die Haarwurzeln zum Wachsen angeregt.

Beruht der Haarverlust auf *Eisenmangel,* so ist täglich folgende Mixtur morgens und mittags in Form von (jeweils 20) *Tropfen* einzunehmen (und zwar über einen längeren Zeitraum):

100 g Aromatische Eisenlösung
30 g Ginsengextrakt
30 g Propolistinktur
40 g Weißdornextrakt

Natürlich darf man die Ursache des Eisenmangels nicht außer acht lassen, zum Beispiel: starke Periode, innere Blutungen, verringerte Eisenaufnahme durch falsche Diäten. Stets müssen dann die Eisenwerte des Bluts monatlich nachgeprüft werden.

In manchen Fällen von krankhaftem Haarausfall ist eine genaue Analyse der Spurenelemente im Körper zu empfehlen. Nur so läßt sich herausfinden, welche Stoffe den Körper belasten oder welche ihm fehlen. Ist zum Beispiel der Kupfer- oder Thallium-Spiegel im Blut zu hoch, kann es wie bei zu hohen Blei- oder Quecksilberkonzentrationen zu Haarausfall kommen.

Gegen Haarausfall hilft manchmal auch folgendes *Rezept:*

Eine Abkochung aus den grünen Fruchtschalen der *Walnuß* und *Brennesselwurzeln* zu gleichen Teilen bereiten (zwei Teelöffel der Pflanzenanteile in einem Viertelliter Wasser 10 Minuten kochen lassen). Ein bis zwei Teelöffel Honig dazugeben und einen Eidotter. Das Mittel in die Kopfhaut einmassieren und 30 Minuten einwirken lassen. Mit lauwarmem Wasser ausspülen.

Bei *Haarausfall und allgemeinen Haarproblemen* hat sich folgende *Kräutermischung* bewährt:

500 g Brennesselblätter
10 g Buchsbaumblätter
500 g Kapuzinerkressenblätter
500 g 60prozentiger Alkohol

Die Kräuter vierzehn Tage lang in dem Alkohol ziehen lassen. Nach dem Abseihen der Kräuter die Tinktur täglich in die Kopfhaut einmassieren.

Gute Erfolge sind auch mit dieser *Kräuterzusammenstellung* zu erzielen:

15 g Gartenkresse
20 g Seifenkraut
15 g Tausendguldenkraut

Die Kräuter mit einem Liter Wasser aufkochen und abseihen. Die Kopfhaut damit täglich einmal einreiben.

Bei *leichterem Haarausfall* ist folgende Kombination gut zu verwenden:

20 g Arnika
45 g Birke
20 g Brennessel
15 g Buchsbaum
20 g Klettenwurzel
20 g Lavendel
25 g Rosmarin

Alles mit einem halben Liter Essig aufkochen, abseihen und damit einmal täglich die Kopfhaut gut befeuchten.

Ebenfalls sehr gut bewährt haben sich tägliche Einreibungen mit 50 Gramm *Efeublättern* für einen Liter Wasser oder 50 Gramm *Schafgarbe* für einen Liter Wasser oder 50 Gramm *Eberrautenblätter* für einen Liter Wasser (jeweils aufkochen lassen, dann abseihen).

Natürliche Haarwuchsmittel

Wenn das Haar wieder kräftiger wachsen soll, empfiehlt sich zur Versorgung der Haarwurzeln von innen her vor allem die Einnahme von *Goldhirseextrakt* in der Dosierung von 100 bis 200 Milligramm täglich. Vorteilhaft ist ein Zusatz von *Kalziumpantothenat* und *Weizenkeimöl.* Der Vorzug der inneren Anwendung besteht darin, daß die Wirkstoffe über die Blutbahn an den Bestimmungsort gelangen.

Zur äußerlichen Anwendung ist das *Chinesische Haarwasser* zu empfehlen. Es enthält unter anderem Kalziumpantothenat, Inosit, Vitamin B_6 und die Aminosäure L-Cystin. Dieses Mittel wirkt auch gegen fettes Haar, Schuppen und vorzeitigen Haarausfall.

Haarwässer, die *Rosmarin, Lavendel, Arnika, Schafgarbe* und *Birkensaft* enthalten, verbessern die Durchblutung der Kopfhaut und normalisieren die Talgproduktion.

Lästige Schuppen

Schuppen sind das leidige Problem vieler Menschen. Oft ist der Kampf gegen Schuppen ebenso mühsam wie wirkungslos. Über Schuppen muß man wissen, daß sie meistens dann auftreten, wenn die Haut zuviel Talg absondert. Als weitere Ursache erwies sich der Streß, er regt die Hornhautproduktion zu stark an. Ein wirksames Gegenmittel ist die regelmäßige Waschung des Haares mit einer Mischung aus *Brennessel-* und *Salbeitee.*

Unterstützend wirkt folgende Zusammenstellung zur *inneren Anwendung* als *Tee:*

50 g Brennessel
20 g Kamille
30 g Salbei

Von zwei Teelöffeln der Mischung und einem Viertelliter Wasser einen Aufguß bereiten, der 10 Minuten gezogen hat, dann abseihen. Dieser Tee ist morgens auf nüchternen Magen schluckweise einzunehmen. Meist stellt sich der Erfolg nach drei bis vier Wochen ein. – Werden die Schuppen durch eine *Schuppenflechte* hervorgerufen, so ist die Grundkrankheit systematisch zu behandeln.

Einmal wöchentlich können die Haare auch mit folgendem *Tee* gewaschen werden:

20 g Bockshornkleesamen
30 g Klettenwurzel

Zwei Eßlöffel dieser Teemischung in einem Liter Wasser zwanzig Minuten kochen lassen. Durch ein grobmaschiges Sieb abseihen. Vorsichtig in die Kopfhaut einmassieren und nach einer halben Stunde mit weichem Wasser abspülen. Auch hier stellt sich der Erfolg meist nach drei bis vier Wochen ein.

Eine *weitere Behandlungsmöglichkeit:* Frischen *Pflanzenpreßsaft* von *Brunnenkresse, Wegwarte* und *Kleiner Brennessel* morgens und abends in die Kopfhaut einreiben.

In *hartnäckigen Fällen* kann auch folgende Mischung verwendet werden:

20 g Brennesselwurzel
30 g Kalmuswurzel
30 g Klettenwurzel

Zwei Eßlöffel davon mit einem Liter Wasser kurz aufkochen, abseihen und die Flüssigkeit 20 Minuten ins Haar einwirken lassen.

Pfefferminze ist bestens dazu geeignet, die Talgproduktion zu vermindern und damit die Neigung zur Schuppenbildung: Fünfzig Gramm Pfefferminzblätter werden mit einem Dreiviertelliter kochendem Wasser übergossen und nach 10 Minuten abgeseiht. Die Flüssigkeit auf die Kopfhaut auftragen, mehrere Minuten einwirken lassen und mit weichem Wasser abspülen.

Auch *Rosmarinöl* wirkt gegen Schuppen. Eine Menge von 20 Gramm *Rosmarinöl* wird mit 50 Gramm *Olivenöl* vermischt und sorgfältig in die Kopfhaut einmassiert. Über Nacht einwirken lassen und am Morgen mit Apfelessigwasser ausspülen (drei Eßlöffel Apfelessig auf einen Liter Wasser).

Verhärtete Schuppen lassen sich auch mit einer konzentrierten *Arnikatinktur* aufweichen und dann mit lauwarmem *Salbeitee* auswaschen.

Gespaltenes Haar

Gespaltenes Haar wird oft durch falsche Haarpflege hervorgerufen. Dazu zählen ungeeignete Haarfärbemittel, zu häufige Dauerwellen, zu heißes Fönen und schließlich ungeeignete Pflegemittel. Auch Bürsten mit scharfkantigen Borsten und Kämme mit scharfkantigen Zinken können das Haar spalten. Am schonendsten sind Bürsten mit natürlichen Schweinsborsten.

Um eine weitere Längsspaltung zu verhindern, müssen die gespaltenen Haarenden regelmäßig abgeschnitten werden. Man sollte das Haar einmal wöchentlich mit einer alkalifreien Lösung waschen. Wichtig ist auch, daß das Wasser einen nicht zu hohen Härtegrad aufweist (die städtischen Wasserwerke geben darüber Auskunft). Andernfalls empfiehlt sich die Verwendung von Enthärtern. Bei gespaltenem Haar pflegt folgende *Kräutermischung* äußerlich:

30 g Klettenwurzel
20 g Römische Kamille
30 g Salbei

Eine Handvoll Kräuter für einen Liter Wasser nehmen, aufkochen, einen Augenblick ziehen lassen und durch ein grobmaschiges Sieb abseihen. Einmal wöchentlich die Haare gründlich mit dem Tee waschen.

Um ein Wiederauftreten von gespaltenem Haar zu vermeiden, können die Haare täglich mit einer Mischung aus *Klettenwurzelöl* und *Brennesselöl* (zu gleichen Teilen) eingerieben werden.

Rizinus gegen sprödes Haar

Folgende *Ölmischung* hat sich bei trockenem und sprödem Haar bewährt:

1 g Eukalyptusöl
20 g Mandelöl
1 g Pfefferminzöl
30 g Rizinusöl
3 g Rosenöl
20 g Sonnenblumenöl
20 g Walnußöl

Die Öle in eine Flasche aus dunklem Glas füllen, durch heftiges Schütteln gut durchmischen und einen Teil der Mischung vorsichtig in das Haar einmassieren. Am besten über Nacht einwirken lassen und am Morgen mit weichem Wasser auswaschen.

Erfolgversprechend ist die Anwendung von *Klettenwurzelöl.* Die Kopfhaut mindestens einmal täglich mit dem Öl massieren.

Arnika gegen fettes Haar

Durch meist anlagebedingte Nervosität oder hormonelle Einflüsse sondern die Talgdrüsen der Kopfhaut zu viel Fett ab.

Behandlungsmöglichkeiten:

Das Haar sollte so oft wie möglich an frischer Luft getrocknet werden. Zum Waschen (mit weichem Wasser!) sind alkalifreie Badezusätze am geeignetsten. Zu empfehlen ist auch ein *Tee,* der zu gleichen Teilen aus *Kamille, Brennessel* und *Salbei* besteht.

Bei fettem Haar ist es günstig, dem Waschwasser den Saft einer halben Zitrone hinzuzufügen. Er steigert auf natürliche Weise die fettlösende Wirkung des Wassers.

Alle zwei Wochen sollte die Kopfhaut mit folgender *Lotion* eingerieben werden:

5 g Arnikatinktur
3 g Hamameliswasser
0,5 g Pfefferminzöl
30 g Salicylspiritus
mit verdünntem Alkohol (60prozentig) auf 100 g auffüllen.

Auf eine gleichmäßige Durchmischung aller Teile achten und jeweils einen Teelöffel davon kräftig in die Kopfhaut einmassieren. Die Inhaltsstoffe bewirken eine Normalisierung der Talgdrüsenproduktion und regen das Haarwachstum an.

Ringelblume gegen Entzündungen der Kopfhaut

Bakterienansammlungen können starke Entzündungen der Kopfhaut hervorrufen. Die Bakterien wandern am Haar entlang in die Tiefe und rufen in der Unterhaut nicht selten sehr hartnäckige Entzündungen hervor. Die Haarbälge röten sich, und es entstehen eitrige Pusteln.

Gehen die Entzündungen von den *Haarwurzeln* aus, haben sich *feuchtheiße Umschläge* mit einem Tee aus *Arnika, Ringelblume, Salbei und Kamille* bewährt. Vorteilhaft ist das Verhältnis:

20 g Arnika
40 g Kamille
30 g Ringelblume
60 g Salbei

Ein Eßlöffel dieser Mischung getrockneter Pflanzen wird mit einem halben Liter heißem Wasser übergossen – eine Viertelstunde ziehen lassen, dann abseihen. Mit dem lauwarmen Tee werden die Haare gewaschen. Nach einer halben Stunde Einwirkzeit das Haar mit lauwarmem Wasser spülen.

Bei leichteren Fällen von *Haarbalgentzündungen* (Follikulitis) hilft auch folgende *Tee*mischung:

40 g Ackerschachtelhalm
60 g Echte Kamille
20 g Weiße Schafgarbe

Zubereitung wie oben. Mit diesem Tee sind die Haare morgens und abends zehn Minuten lang zu waschen. Danach mit lauwarmem Wasser spülen.

Sollten sich die *Eiterherde* über die ganze Kopfhaut ausgebreitet haben, hilft diese *Kräutermischung:*

30 g Ackerschachtelhalm
40 g Brennessel
60 g Salbei

Dieser Tee wird ebenfalls wie oben zubereitet und dann langsam in die Kopfhaut einmassiert. Erst nach 20 Minuten mit lauwarmem Wasser abspülen.

Läßt die Kopfhaut starke *Rötungen* erkennen, kann auch *Honig* dünn auf die Kopfhaut aufgetragen werden. Es ist bekannt, daß Honig schon in geringer Konzentration bakterientötend wirkt.

Zur *Vorbeugung* gegen Haarbalgentzündungen empfiehlt sich ein tägliches *Heublumenbad.* Außerdem ist erwiesen, daß ozonreiche Luft, ausreichende Bewegung, vernünftige Rohkost und seelische Ausgeglichenheit Eitererreger an Wachstum und Verbreitung hindern.

Haarspülungen und Öle für Glanz und Fülle

Soll das Haar wieder in vollem *Glanz* erstrahlen, so empfiehlt sich für *Blonde* folgende Mischung:

100 ml Apfelessig
100 ml Apfelsaft
10 g Rizinusöl

Die Mischung bis zu einem Liter mit Wasser auffüllen, das Haar damit gut befeuchten und eine Viertelstunde lang wirken lassen. Danach mit weichem Wasser abspülen. Das Haar nicht fönen, sondern in einem warmen Raum langsam trocknen lassen. Blondes Haar erhält so einen goldenen Ton.

Eine andere Mischung ist ebenfalls für *blondes Haar* geeignet:

20 g Brennesselwurzel
30 g Eisenkraut
30 g Kalmus

Die Kräuter mit einem halben Liter kochendheißem Wasser übergießen und eine halbe Stunde darin ziehen lassen. Dieser Infus wird vorsichtig in die Kopfhaut einmassiert und nach 20 Minuten mit Essigwasser (drei Eßlöffel auf einen Liter Wasser) abgespült. Er bewirkt einen hellen, langanhaltenden Glanz des Haares.

Auch folgendes *Rezept* hat sich bewährt: Fünfzig Gramm *Goldrutenblüten* werden mit einem Dreiviertelliter siedendheißem Wasser übergossen und eine Viertelstunde darin belassen. Dann abseihen und mit der Flüssigkeit die Kopfhaut massieren. Sie soll eine halbe Stunde einwirken und wird danach mit Essigwasser (wie oben) abgespült.

Ebenso führt dieses Mittel zu schönem *Haarglanz:*

50 g Römische Kamillenblüten
50 g Kaolinpulver
100 ml Wasser

Alle Zutaten zu einer cremigen Paste verrühren, auf das Haar auftragen und 20 Minuten einwirken lassen. Dann mit einem Liter Wasser abspülen, dem 50 Milliliter Zitronensaft beigesetzt wurden.

Rosmarin-Haarspülung: Fünfzig Gramm *Rosmarin* werden in zwei Litern weichem Wasser (oder Regenwasser) dreißig Minuten lang gekocht, dann abgeseiht. Die Abkochung auf Körpertemperatur abkühlen lassen und auf das Haar auftragen. Nach 30 Minuten Einwirkdauer mit weichem Wasser abspülen.

Rosmarin kann auch zu einer *Tinktur* verwendet werden. Als geeignet hat sich folgende Kombination erwiesen:

10 g Brennesselwurzel
30 g Kalmuswurzel
50 g Rosmarinblätter

Diese Pflanzenmischung drei Wochen lang in konzentriertem Alkohol (96 Prozent) stehen lassen, dann abseihen. Diese Tinktur täglich in die Kopfhaut einmassieren.

Auch folgendes *Öl* sorgt für *Glanz* und *Haarfülle.*

1 g Eukalyptusöl
1 g Pfefferminzöl
1 g Rizinusöl
20 g Rosmarinöl
100 g Pflegeöl

Die Substanzen durch Schütteln in einer Flasche gleichmäßig verteilen, täglich ein- bis zweimal in die Kopfhaut einmassieren.

Zwiebelkur zur Schönheitspflege

Sobald das normale Haarwachstum erreicht ist, empfiehlt sich eine Kur mit *Zwiebelwasser.* Zu seiner Herstellung benötigt man:

30 g Brennesselwurzel
20 g Kalmuswurzel
3 große rohe Zwiebeln

Die Zwiebeln werden in acht Teile geschnitten und in einem Liter Wasser zusammen mit den Brennesselwurzeln und den Kalmuswurzeln ausgekocht (etwa 30 Minuten), dann abgeseiht. Mit dieser

Flüssigkeit wäscht man das Haar eine Woche lang morgens und abends. Zum Nachspülen verwendet man nur weiches Wasser, dem auch ein Eßlöffel Essig zugesetzt sein kann. Diese Behandlung verleiht dem Haar einen besonders schönen Glanz.

Drittes Kapitel

Wie man sich schöne Augen macht...

Merkwürdig – Augen können blitzen, lächeln, aufmuntern, der Blick kann gütig sein und liebevoll, aber auch stechend. Man macht dem anderen ganz bewußt schöne Augen, liest ihm Wünsche von den Augen ab. Aber auch hier ist die Medizin wieder nüchtern. Der menschliche Augapfel selbst habe keine Ausdruckskraft, sagen Wissenschaftler, nur die Größe der Pupille sei veränderbar. Sie weite oder verenge sich unwillkürlich nach Lichteinfall. Dennoch erkennen nicht nur Ärzte an den Augen anderer Menschen, wenn diese an einer Krankheit leiden. Gelingt das schon allein deshalb, weil die Augen trüb sind, der Blick matt ist?

Bei jeder Begegnung steuert unser Blick zuerst die Augen des anderen an. Betrachtet man ein Porträtfoto, gilt alle Aufmerksamkeit spontan den Augen, wie Untersuchungsreihen an der Saarbrückner Universität zeigten. Man sucht den Blickkontakt, beurteilt das Gegenüber und seine Stimmung nach den Augen. – Und oft springt durch die Augen ein *Funke* über; die berühmte *Liebe auf den ersten Blick.*

Zum Auge gehört allerdings mehr als der Augapfel. Auch die Augenlider sprechen ihre Sprache, können Nervosität verraten oder Schläfrigkeit. Ja selbst die Augenbrauen tragen noch zur Ausdruckskraft der Augen bei.

Trotz sonstiger Körper- und Schönheitspflege erfahren die Augen – bis auf das Schminken, das sie nicht selten mehr strapaziert als verschönt – wenig gesonderte Beachtung. Als selbstverständlich nimmt man hin, daß sie ihren Dienst tun. Erst wenn sie auf zu starke Beanspruchung reagieren, wendet man sich ihnen zu. Wie erwähnt, beschränken sich solche Zeichen nicht immer auf die Augen allein, sondern deuten auf eine Störung oder Erkrankung im Organismus hin. Für alle diese Fälle – Pflege (auch im Sinne einer Unterstützung bei Empfindlichkeiten und Krankheit) – werden im folgenden Hinweise und Rezepte angeboten.

Augenpflege, Augenbeschwerden

Wie alle unbedeckten Körperteile ist auch das Auge Staub, Ruß und sonstigen Schadstoffen in der Luft ausgesetzt. Der Schutz des Augapfels durch Augenlid und Wimpern vermag nicht alles abzuhalten, was von außen auf das Auge eindringt.

Als Hilfsmittel zur täglichen *Reinigung* der Augen kann eine kleine Augenbadewanne oder ein ähnlicher Behälter mit abgerundetem Rand dienen. Eine milde, vom Arzt empfohlene *Kräuterlotion* reinigt und entspannt das Auge vor dem Zubettgehen. (Auf *Kamille* sollte man aber verzichten, da sie noch feinste Partikel im Tee hinterläßt, die das Auge reizen können.)

Die Reinigung sollte aber nicht nur äußerlich erfolgen, sondern entspannende und kräftigende Tees vertreiben von innen Mattigkeit, die auch in den Augen sichtbar wird, und geben den Augen Klarheit und Wachheit zurück.

Für klare, ausdrucksvolle Augen

sorgt folgender *Tee:*

20 g Ackerschachtelhalm
20 g Canarium luzonicum
10 g Celosia cristata
30 g Hopfenzapfen
10 g Melisse

20 g Pistia stratiotes
30 g Wacholderbeeren
10 g Wacholderspitzen
20 g Weißdorn

Zwei Teelöffel mit einem Viertelliter kaltem Wasser übergießen, zum Kochen bringen, kurz aufkochen und 15 Minuten ziehen lassen, abseihen. Drei- bis viermal täglich eine Tasse trinken.

Bei strapazierten Augen, die zu Brennen und Entzündungen neigen, ebenso jedoch bei manchen Beschwerden – des Auges selbst oder des Organismus –, können andere Zusammenstellungen helfen. Darauf sei nun ausführlicher eingegangen.

Überanstrengten Augen, die zu Entzündungen neigen

hilft dieser *Tee:*

20 g Ackerschachtelhalm
20 g Dendrobium heterocarpum
20 g Dillenia indica
30 g Dillenia philippinensis
30 g Echte Kamille
20 g Engelwurz
20 g Pfefferminze
30 g Salbei

Zubereitung und Anwendung wie oben.

Augenbrennen

Zur Linderung empfiehlt sich eine einfache *Teemischung:*

30 g Römische Kamille
20 g Salbei

Zwei Teelöffel davon mit einem Viertelliter kochendheißem Wasser aufgießen, 10 Minuten ziehen lassen, abseihen. Schluckweise über den ganzen Tag verteilt trinken.

Bindehautentzündung (Konjunktivitis)

Wenn die *Augenbindehaut rötlich verfärbt* ist, sollte sofort ein Augenarzt aufgesucht werden, es könnte das erste Anzeichen einer *Augeninnendrucksteigerung* sein. Es machen sich aber auch *Erkältungskrankheiten* durch Bindehautentzündungen bemerkbar. Bindehautentzündungen – sie äußern sich durch Rötung, Schwellung und starke Absonderung – sind gefährlich, weil Eitererreger eindringen und tiefergreifende Entzündungen hervorrufen können. In fortgeschrittenen Fällen ist die Möglichkeit der Erblindung nicht ausgeschlossen. Schlechte, staubhaltige Luft schwächt die Widerstandsfähigkeit des Auges zusätzlich.

Bei Bindehautentzündung ist es ratsam, die Augen mit ganz leichtem (und sorgfältig gefiltertem) *Salbeitee* auszuwaschen.

Heilungsfördernd wirkt dieser *Tee:*

20 g Augentrost
20 g Pistia stratiotes
60 g Römische Kamille
30 g Salbei
20 g Sida cordifolia
10 g Tamarindus indica

Von zwei Teelöffeln der Mischung und einem Viertelliter Wasser einen Aufguß bereiten, der 10 Minuten ziehen soll, dann abseihen. Täglich drei bis vier Tassen zu sich nehmen.

Gut gegen Bindehautentzündungen und auch gegen Faltenbildungen sind *Rosenblätter,* die über Nacht aufgelegt und mit einer Baumwollbinde festgehalten werden. Am folgenden Morgen haben die Augen einen leuchtenden Glanz.

Als entzündungshemmender *Tee* empfiehlt sich ebenso:

30 g Bockshornklee
20 g Brennessel
10 g Centella asiatica
30 g Hagebutten ohne Samen
20 g Samadera indica
10 g Sida acuta

10 g Tausendguldenkraut
10 g Wacholderbeeren
25 g Wacholderspitzen
25 g Weiße Schafgarbe

Zubereitung wie oben, nur 15 Minuten ziehen lassen. Dreimal täglich eine Tasse davon trinken.

Nach zwei bis drei Wochen umstellen auf:

10 g Blasentang
10 g Faulbaumrinde
15 g Kamille
10 g Liebstöckel
10 g Samadera indica
5 g Sennesblätter
10 g Tausendguldenkraut
10 g Wacholderbeeren
30 g Weiße Schafgarbe

Zubereitung und Anwendung wie oben – aber 10 Minuten ziehen lassen.

Sind die rötlichen Bindehäute Folge eines *Grünen Stars*, empfiehlt sich zusätzlich zur augenärztlichen Behandlung dieser *Tee:*

20 g Birkenblätter
20 g Bockshornkleesamen
30 g Brennessel
20 g Sesbania grandiflora
40 g Weiße Schafgarbe
10 g Zanthoxylum arvicennae

Den Aufguß 30 Minuten ziehen lassen, sonstige Zubereitung und Anwendung wie oben.

Nach drei bis vier Wochen umstellen auf:

20 g Bockshornklee
30 g Brennessel
5 g Pfingstrosenwurzel
10 g Samadera indica

15 g Sesbania grandiflora
30 g Weiße Schafgarbe

Alles wie oben, den Tee jedoch 15 Minuten ziehen lassen.

Sind die Augen infolge von *Erkältungskrankheiten* gerötet, ist folgender *Tee* ratsam:

20 g Bachbunge
10 g Brombeerblätter
30 g Erdbeerblätter
10 g Gundelrebe
20 g Himbeerblätter
20 g Holunderblüten
10 g Lindenblüten
10 g Toddalia asiatica

Zubereitung und Anwendung wie oben, doch der Tee soll 20 Minuten ziehen.

Nach drei bis vier Wochen wechseln zu:

20 g Bockshornklee
30 g Brennessel
10 g Hagebutten
10 g Samadera indica
20 g Tausendguldenkraut
10 g Wacholderbeeren
20 g Wacholderspitzen
30 g Weiße Schafgarbe

Alles wie oben, aber den Aufguß 10 Minuten ziehen lassen.

Nach weiteren drei Wochen zu diesem *Tee* übergehen:

10 g Alstonia scholaris
15 g Calotropis gigantea
20 g Holunderblüten
10 g Johanniskraut
20 g Kamille
5 g Lavendel
10 g Lindenblüten

15 g Sesbania grandiflora
30 g Weiße Schafgarbe

Das Infus 20 Minuten ziehen lassen, sonst wie oben.

Hängt die Rötung der Augen mit *Fieber* zusammen, kann folgender Tee helfen:

10 g Calotropis gigantea
5 g Cisalpinia christa
30 g Hirtentäschelkraut
20 g Römische Kamille
10 g Rosmarin
40 g Salbei
20 g Schlehdorn

Den Tee 10 Minuten ziehen lassen, sonst wie oben.

Gelblich verfärbte Bindehaut

Bei gelblicher Augenbindehaut ist unbedingt ein Arzt hinzuzuziehen, denn es besteht die Gefahr einer schweren Lebererkrankung *(Hepatitis)*. Ebenso kann eine solche Gelbfärbung Zeichen von *Gallenleiden* (Gallenstauungen), *Gelbsucht* oder anderen *Stoffwechselstörungen* sein. Die ärztlich verordnete Therapie läßt sich mit Kräutertees wirkungsvoll unterstützen.

Ist die Bindehaut *gelblich verfärbt und etwas gerötet,* erweist sich dieser Tee als hilfreich:

20 g Ackerschachtelhalm
20 g Johanniskraut
30 g Melia halepensis
40 g Schafgarbe
30 g Wegwartewurzel

Die Kräutermenge von ein bis zwei Teelöffeln mit einer Tasse Wasser ganz kurz aufkochen und dann 15 Minuten ziehen lassen. Abseihen und vier bis fünf Tassen Tee täglich heiß trinken. Zum Süßen kann ein Teelöffel Honig hineingerührt werden.

Wenn die gelbliche Augenbindehaut mit *Gallengangkrämpfen* verbunden ist, empfiehlt es sich, folgenden *Tee* zu trinken:

10 g Faulbaumrinde
20 g Fenchel
30 g Gänsefingerkraut
20 g Morinda umbellata
40 g Römische Kamille

In einem Viertelliter Wasser ein bis zwei Teelöffel der Kräutermischung ganz kurz aufkochen, danach 15 Minuten ziehen lassen und abseihen. Von diesem Tee drei- bis viermal täglich jeweils eine Tasse heiß und ungesüßt trinken.

Nach drei bis vier Wochen eine andere Zusammensetzung:

20 g Bitterklee
15 g Enzianwurzel
40 g Gänsefingerkraut
20 g Löwenzahnwurzel
20 g Melisse
10 g Parbeta indica
30 g Pfefferminzblätter

Zwei bis drei Teelöffel der Mischung mit kochendheißem Wasser überbrühen, 20 Minuten ziehen lassen und abseihen. Zweimal täglich jeweils eine halbe Stunde vor dem Essen eine Tasse trinken.

Die ärztlich verordnete Therapie läßt sich mit folgendem *Kräutertee* unterstützen:

30 g Ehrenpreis
20 g Fenchel
10 g Moringa oleifera
10 g Plumbago indica
10 g Plumbago zeylanica
40 g Römische Kamille
20 g Schafgarbe
30 g Vogelknöterich

Einen Teelöffel der Mischung mit einer Tasse kochendheißem Wasser überbrühen und 15 Minuten ziehen lassen, dann abseihen. Vor den Mahlzeiten die Tagesmenge von zwei bis drei Tassen täglich trinken.

Kommt es bei gelblicher Augenbindehaut zu *Gallenkoliken,* bedeutet dieser *Kräutertee* eine hilfreiche Ergänzung der Therapie:

40 g Gänsefingerkraut
30 g Melisse
20 g Microglossa volubilis
40 g Pfefferminzblätter
10 g Plumbago indica
5 g Schöllkraut

Zubereitung wie oben. Die Tagesmenge von vier bis fünf Tassen heiß und ungesüßt vor den Mahlzeiten trinken.

Nach drei bis vier Wochen zu folgendem *Kräutertee* wechseln:

40 g Ackerschachtelhalm
30 g Echte Kamille
40 g Johanniskraut
30 g Löwenzahnwurzel
20 g Römische Kamille
30 g Schafgarbe

Einen Eßlöffel der Mischung mit einer Tasse kochendheißem Wasser überbrühen, den Tee 20 Minuten ziehen lassen und abseihen. Langsam schluckweise vor den Mahlzeiten trinken, also dreimal täglich.

Wenn gelbliche Augenbindehaut gleichzeitig mit *Gallenschmerzen* und *Magendruck* verbunden ist, empfiehlt es sich, diese Mischung als Unterstützung der Behandlung zu Hilfe zu nehmen:

10 g Barbeta indica
30 g Faulbaumrinde
10 g Katzenpfötchen
20 g Löwenzahnwurzel

20 g Pfefferminze
5 g Wermut

Zwei Teelöffel Kräuter mit einem Viertelliter kochendheißem Wasser überbrühen, 20 Minuten ziehen lassen und abseihen. Vor den Mahlzeiten je eine Tasse schluckweise trinken.

Nach etwa zwei bis drei Wochen sollte zu folgendem *Kräutertee* übergegangen werden:

10 g Berberitzenwurzel
15 g Enzianwurzel
30 g Faulbaumrinde
10 g Löwenzahnwurzel
10 g Physalis minima
20 g Rhabarberwurzel

Zwei bis drei Teelöffel der Mischung mit einem Viertelliter kochendheißem Wasser übergießen, 15 Minuten ziehen lassen und abseihen. Je eine Tasse Tee vor den Mahlzeiten schluckweise, ungesüßt und heiß trinken.

Beruht die gelbliche Augenbindehaut auf einem *Gallenleiden,* ist diese Zusammenstellung ratsam:

5 g Arnikablüten
20 g Berberitzenwurzel
40 g Bitterklee
30 g Löwenzahnwurzel
40 g Pfefferminzblätter
30 g Plumbago indica
10 g Wacholderbeeren
30 g Wegewartenwurzel

Zwei Teelöffel der Mischung mit einem Viertelliter kaltem Wasser übergießen, zum Kochen bringen und kurz aufkochen, dann 15 Minuten ziehen lassen, abseihen. Dreimal täglich – jeweils 20 Minuten vor den Mahlzeiten – eine Tasse schluckweise trinken.

Ähnlich wirkungsvoll ist ein weiterer *Tee:*

20 g Bitterklee
15 g Enzianwurzel

10 g Löwenzahnwurzel
25 g Pfefferminze
10 g Rhabarber
5 g Schöllkraut
10 g Sesbania grandiflora
15 g Sida acuta
15 g Zanthoxylum arvicennae

Zubereitung wie oben. Zweimal täglich vor dem Essen eine Tasse.

Nach drei bis vier Wochen umstellen auf:

5 g Ackergauchheil
30 g Andorn
10 g Erdrauch
15 g Kalmus
25 g Löwenzahnwurzel
15 g Odermennig
30 g Pfefferminze
15 g Samadera indica
10 g Sesbania grandiflora
30 g Weiße Schafgarbe

Ein bis zwei Teelöffel davon mit einem Viertelliter siedendem Wasser aufgießen, 15 Minuten ziehen lassen, abseihen. Täglich vier bis fünf Tassen trinken.

Nach weiteren drei bis vier Wochen umstellen auf:

20 g Alpen-Frauenmantel
5 g Faulbaumrinde
30 g Fenchel
5 g Kümmel
20 g Pfefferminze
10 g Samadera indica
10 g Schafgarbe
5 g Sesbania grandiflora
15 g Tausendguldenkraut

Zubereitung und Anwendung wie oben.

Auffällige rote Adern in den Augen

Sie sind meist auf einen *venösen Stau* zurückzuführen, der durch eine Störung im Bereich des Herzens oder der Nieren bedingt sein kann.

Eine ärztliche Untersuchung verschafft Klarheit darüber.

Dieser *Tee* trägt zu einem Abklingen der Symptome bei:

20 g Birkenblätter
15 g Clerodendron intermedium
30 g Faulbaumrinde
10 g Lespedeza thunbergii
30 g Schafgarbe
10 g Sennesblätter
30 g Weißdornblätter
10 g Weißdornblüten

Einen Teelöffel der Substanz mit einer Tasse kochendheißem Wasser aufgießen, 10 Minuten ziehen lassen und abseihen. Dreimal täglich eine Tasse trinken. Nach drei bis vier Wochen umstellen auf:

25 g Ackerschachtelhalm
15 g Centella asiatica
15 g Enzianwurzel
10 g Faulbaumrinde
5 g Lavendel
10 g Lespedeza thunbergii
10 g Rosmarin
15 g Weißdornblüten
30 g Weißdornfrüchte

Zubereitung und Anwendung wie oben.

Unnatürlich glänzende Augen (Glanzaugen)

Glanzaugen (weite, stark befeuchtete Augen) kommen meistens vor, wenn die Schilddrüse zu stark oder zu schnell arbeitet. Sie sind charakteristisches Merkmal der *Basedow-Krankheit.* Auch *Schilddrüsenkrebs* kann glänzende, vorquellende Augen verursachen.

Zur Unterstützung einer Behandlung empfiehlt sich folgender *Tee:*

20 g Blasentang
30 g Fieberklee
20 g Hopfenzapfen
10 g Königsfarn
15 g Sida acuta
10 g Toddalia asiatica

Von zwei Teelöffeln der Mischung und einem Viertelliter Wasser einen Aufguß bereiten, der 10 Minuten zieht, dann abseihen. Täglich zwei bis drei Tassen trinken.

Nach zwei bis drei Wochen umstellen auf:

20 g Blasentang
10 g Brunnenkresse
15 g Calotropis gigantea
15 g Erdrauch
30 g Rosmarin
10 g Schlehdorn
10 g Sesbania grandiflora

Zubereitung und Anwendung wie oben.

Wäßrige, glänzende Augen können aber auch Zeichen für eine ernste Augenerkrankung sein, daher sei auch der Rat, den Arzt aufzusuchen, wiederholt. Eine gewisse Beruhigung kann dieser *Tee* herbeifühen:

15 g Argemone mexicana
30 g Baldrian
30 g Hopfenzapfen
40 g Johanniskraut
20 g Melisse

20 g Orangenschalen
10 g Rosmarin

Ein bis zwei Teelöffel der Mischung in einem Viertelliter Wasser kurz aufkochen, 15 Minuten ziehen lassen und abseihen. Täglich drei bis vier Tassen trinken.

Nach zwei bis drei Wochen umstellen auf:

10 g Alstonia macrophylla
10 g Alstonia scholaris
20 g Gartenraute
10 g Heidekrautblüten
30 g Kalmus
30 g Kamille
20 g Melisse

Für eine halbe Stunde kalt ansetzen, sonst wie oben.

Folgende *Tinktur* kann zusätzlich helfen:

20 g Hopfenextrakt
15 g Johanniskrauttinktur
15 g Passiflora incarnata (Extrakt)

Täglich dreimal 15 Tropfen der gut miteinander verschüttelten Zutaten kurz vor den Mahlzeiten einnehmen.

Matte, glanzlose Augen

Solche Augen deuten meist auf einen Schwächezustand hin. Manchmal handelt es sich auch um eine Herzerkrankung. In seltenen Fällen liegt ein Herzfehler vor.

Sollte ein *Schwächezustand* die Ursache sein, empfiehlt sich:

15 g Clausena excavata
20 g Clerodendron intermedium
20 g Enzianwurzel
5 g Lavendel
10 g Rosmarin

30 g Weißdornblüten
30 g Weißdornfrüchte

Einen Teelöffel der Substanz mit einer Tasse kochendheißem Wasser aufgießen, 10 Minuten ziehen lassen und abseihen. Täglich zwei bis drei Tassen schluckweise trinken.

Nach zwei bis drei Wochen umstellen auf:

20 g Hagebutten
10 g Lespedeza thunbergii
30 g Römische Kamille
10 g Samadera indica
20 g Sida acuta
10 g Weißdornblüten
40 g Weißdornfrüchte

Zubereitung und Anwendung wie oben.

Trübe Augen

Bei trüben Augen besteht Infektionsverdacht. Im Körper können Eitererreger vorhanden sein, die den normalen Glanz der Augen abschwächen. Daher ist es wichtig, ärztlichen Rat zu suchen.

Gegen eine mögliche Infektion hat sich folgender *Tee* bewährt:

30 g Ackerschachtelhalm
10 g Birkenblätter
30 g Brennessel
10 g Goldrute
20 g Hauhechelwurzel
20 g Römische Kamille
10 g Samadera indica
20 g Sesbania grandiflora

Einen Teelöffel der Substanz mit einer Tasse kochendheißem Wasser übergießen, 30 Minuten ziehen lassen und abseihen. Dreimal täglich eine Tasse trinken.

Dunkle Augenringe

Zeigen sich dunkle Ringe unter den Augen, so bedeuten sie, daß an diesen Stellen das Fettgewebe schwand und die Blutgefäße nun durchscheinen können. Meist entstehen sie durch Übermüdung, bei allgemeiner Unpäßlichkeit oder anhaltender seelischer Belastung. Ebenso sind chronische Infekte, eine schlechte Verdauung oder Darmträgheit als Ursachen möglich.

Ein allgemeines, bewährtes Mittel ist folgender *Tee:*

10 g Calotropis gigantea
60 g Fenchel
20 g Holunderblüten
30 g Kalmus
30 g Kamillenblüten
10 g Königskerzenblüten

Ein bis zwei Teelöffel der Mischung mit einem Viertelliter siedendem Wasser überbrühen, 20 Minuten ziehen lassen, abseihen. Dreimal täglich eine Tasse schluckweise vor den Mahlzeiten trinken.

Nach drei bis vier Wochen umstellen auf:

10 g Euphorbia neriifolia
20 g Holunderblüten
20 g Lindenblüten
40 g Pfefferminze
30 g Römische Kamille

Zubereitung und Anwendung wie oben.

Wenn die Ringe unter den Augen durch *Wurmbefall* verursacht wurden, sind genaue Untersuchungen anzuraten (Stuhlprobe), um Wurmeier feststellen zu können. Zur Unterstützung einer Therapie empfiehlt sich dieser *Tee:*

20 g Acalypha indica
20 g Faulbaumrinde
30 g Kamille
60 g Wermut
30 g Wurmfarn

Einen Teelöffel der Mischung mit einer Tasse kaltem Wasser ansetzen, sechs Stunden ziehen lassen, dann drei Minuten lang kochen, 20 Minuten ziehen lassen und abseihen. Dreimal täglich eine Tasse trinken.

Tiefliegende, eingefallene Augen

Diese Symptome treten meist im Zusammenhang mit bösartigen Erkrankungen und Auszehrungen in Erscheinung. Sie sollten daher immer Anlaß geben, einen Internisten aufzusuchen, um alle nötigen Laboruntersuchungen durchführen zu lassen.

Folgender *Tee* kann die Körperabwehr erhöhen:

15 g Echinacea purpurea
20 g Hagebutte
15 g Inka-Tee
20 g Passiflora incarnata
30 g Römische Kamille

Einen Teelöffel davon mit einer Tasse kochendheißem Wasser übergießen, 20 Minuten ziehen lassen und abseihen. Dreimal täglich eine Tasse trinken.

Bei *bösartiger Erkrankung* hat sich zusätzlich dieser *Tee* bewährt:

15 g Echinacea purpurea
100 g Uncaria tomentosa
15 g Weldenia chinensis

Zubereitung und Anwendung wie oben.

Nach zwei bis drei Monaten umstellen auf:

30 g Calotropis gigantea
20 g Dendrobium heterocarpum
20 g Eisenkraut
100 g Inka-Tee

Zubereitung und Anwendung wie oben.

Augenzittern (Nystagmus)

Wenn die Augäpfel und die Augachse (meist) horizontal oder (seltener) vertikal zittern, deutet dies als Krankheitssymptom auf sehr starke Schwachsichtigkeit, Störungen des Gleichgewichtsorgans oder Erkrankungen im Bereich des Gehirns hin – um nur einige Möglichkeiten zu nennen. Auch beim gesunden Menschen kann bei zu langer, extrem seitlicher Blickrichtung oder bei rascher Kopfbewegung solches Zittern auftreten. Läßt es sich nicht darauf zurückführen und muß eine krankhafte Erscheinung angenommen werden, ist unbedingt ein Arzt aufzusuchen.

In harmlosen Fällen hilft folgender *Tee* vielleicht gegen das Zittern:

20 g Echinacea purpurea
100 g Inka-Tee
30 g Mate-Tee
30 g Weiße Schafgarbe

Ein bis zwei Teelöffel davon mit einem Viertelliter kaltem Wasser zum Kochen bringen, zwei bis drei Minuten kochen, 15 Minuten ziehen lassen, dann abseihen. Mit Honig gesüßt vier- bis fünfmal täglich jeweils 200 Milliliter trinken.

Falls nach drei bis vier Wochen kein Erfolg eingetreten ist, empfiehlt sich folgende *Lösung:*

30 g Ginsengextrakt
20 g Propolistinktur
100 g Uncaria tomentosa (Tinktur)
mit 70prozentigem Alkohol auf 250 g auffüllen.

Täglich dreimal einen Teelöffel mindestens ein bis zwei Jahre hindurch einnehmen.

In vielen Fällen ist schon nach einiger Zeit eine deutliche Besserung des Augenzitterns festzustellen.

Entzündete Augenlider und Lidränder

Zur Schönheit der Augen fügen die Lider einen ganz besonderen Akzent hinzu. Wichtiger aber ist ihre Funktion, nämlich daß Lider und Wimpern Staub, Ruß und Feuchtigkeit fernhalten. Erkrankungen der Lider werden meist durch Bakterien hervorgerufen. Häufig entstehen dabei eigenartig verlaufende Abszeßbildungen, die *Gerstenkorn* genannt werden.

Die Lider können aber auch Hinweise auf ernste neurologische Erkrankungen geben. So hängen etwa bei der Muskelschwäche im Lauf des Tages die Lider immer weiter herunter, bis sie sich nicht mehr heben lassen. Dicke, *geschwollene Lider* hängen meist mit chronischem Alkoholismus oder auch mit Nierenerkrankungen zusammen, bei denen der Harnabfluß behindert ist.

Besonders übertriebenes Schminken führt manchmal zu *Lidrandentzündungen.* Wichtig ist vor allem, jede Art von Schminke am Abend sorgfältigst zu entfernen. Andernfalls können über Nacht Kohlepartikel oder Fremdkörper ins Auge geraten.

Bei *entzündeten Augenlidern* wirkt folgender *Tee* lindernd:

20 g Blumeria acuminata
30 g Römische Kamille
40 g Salbei

Für eine Tasse ein bis zwei Teelöffel der Kräutermischung ganz kurz in kalt angesetztem Wasser aufkochen und dann 20 Minuten ziehen lassen. Abseihen und dreimal täglich eine Tasse lauwarm trinken.

Über Nacht eignet sich eine *Auflage aus Wattebäuschen,* die mit diesem *Tee* getränkt sind:

40 g Kamille
30 g Salbei

Zubereitung wie oben. Dann den Tee mehrfach sorgfältig durch Filterpapier abseihen, damit möglichst keine Drogenrückstände (vor allem von der Kamille) im Tee verbleiben, die in die Augen gelangen könnten. Die teegetränkten, ausgedrückten Wattebäusche auf die Lider legen.

Sind die *Lidränder* entzündet, fördert diese *Teemischung* die Besserung:

40 g Ackerschachtelhalm
10 g Augentrost
20 g Plumeria acuminata
40 g Römische Kamille
30 g Salbei
30 g Spitzwegerich
10 g Tamarindus indica

Zubereitung wie oben, aber 15 Minuten ziehen lassen. Drei bis vier Tassen täglich helfen gegen Entzündungen und Gerstenkorn.

Bei *fortgeschrittenen Lidrandentzündungen* empfiehlt sich ein *Tee* aus:

20 g Augentrost
20 g Echte Kamille
30 g Salbei

Wie oben den Tee zubereiten und sorgfältigst filtern. Dann Watte damit anfeuchten und auf die Augen legen. Die Wirkung wird noch verstärkt, wenn von diesem Tee zusätzlich täglich drei bis vier Tassen getrunken werden.

Geschwollene Augenlider

Verschiedene Ursachen, auch Erkrankungen, können zu geschwollenen Lidern führen. Eine allgemein gute Wirkung hat dieser *Tee:*

30 g Holunderblüten
40 g Lindenblüten
20 g Plumeria acuminata
30 g Römische Kamille

Zubereitung wie oben. Dreimal täglich eine Tasse langsam trinken.

Äußerlich kann folgende *Tee*mischung zur Heilung beitragen:

40 g Lindenblüten
20 g Römische Kamille

Eine Tasse Wasser mit ein bis zwei Teelöffeln der Mischung kurz aufkochen und 10 Minuten ziehen lassen, mehrfach durch Filterpapier abseihen und einen mit dem Tee durchfeuchteten Wattebausch auf die geschwollenen Augenlider legen.

Ist eine *Nierenerkrankung* Ursache der geschwollenen Augenlider, sorgt dieser *Kräutertee* für ein Nachlassen der Schwellung:

10 g Bohnenhülsen
20 g Birkenblätter
20 g Melina lupulesis
40 g Römische Kamille
30 g Schafgarbe

Den Tee (zwei Teelöffel für einen Viertelliter Wasser) kurz aufkochen, 10 Minuten ziehen lassen, dann abseihen. Vier bis fünf Tassen über den Tag verteilt heiß trinken.

Wenn die geschwollenen Augenlider infolge von *Herzschwäche* und *Lymphstauungen* entstanden sind, hilft folgender *Kräutertee:*

40 g Ackerschachtelhalm
10 g Hirtentäschelkraut
30 g Löwenzahnwurzel
20 g Morinda umbellata
30 g Weißdornblüten
20 g Weißdornfrüchte
30 g Weiße Schafgarbe

Den Tee (zwei Eßlöffel für einen Viertelliter Wasser) kurz aufkochen, dann 20 Minuten ziehen lassen. Über den Tag verteilt in einer Trinkmenge von vier bis sechs Tassen ungesüßt und lauwarm trinken.

Nach zwei bis drei Wochen sollte auf folgende *Kräuterteemischung* umgestellt werden:

10 g Enzianwurzel
15 g Lavendel

10 g Physalis minima
10 g Rosmarin
10 g Salbei
40 g Weißdornfrüchte

Zubereitung wie oben, aber 15 Minuten ziehen lassen. Vier- bis fünfmal täglich jeweils eine Tasse ungesüßt trinken.

Zu enge und zu weite Lidspalte

Eine *zu enge Lidspalte* deutet meist auf einen *Schwäche-* oder *Erschöpfungszustand* des Körpers hin. Folgender *Tee* trägt zur Erholung und Kräftigung bei:

30 g Brombeerblätter
15 g Centella asiatica
30 g Erdbeerblätter
30 g Melisse
20 g Schwarze Johannisbeerblätter
10 g Thymian
20 g Waldmeister

Einen Teelöffel der Substanz mit einer Tasse kochendheißem Wasser aufgießen, 10 Minuten ziehen lassen, danach abseihen.

Nach zwei bis drei Wochen umstellen auf:

30 g Brennessel
15 g Centella asiatica
30 g Fenchel
30 g Holunderblüten
10 g Pfefferminze
20 g Schlehdornblüten
10 g Thymian

Zwei Teelöffel davon mit einem Viertelliter Wasser für eine halbe Stunde kalt ansetzen, kurz aufkochen und 15 Minuten ziehen lassen, abseihen. Vier bis fünf Tassen täglich trinken.

Eine *zu weite Augenlidspalte* kann auf *vegetative Übererregbarkeit* hinweisen.

Als allgemeine Empfehlung gilt eine *Teemischung,* deren Komponenten beruhigend auf das Nervensystem einwirken:

20 g Hopfenblüten
10 g Lantana camara
10 g Passiflora foetida
30 g Passiflora incarnata
40 g Römische Kamille

Zubereitung wie oben, aber 20 Minuten ziehen lassen. Dreimal täglich eine Tasse lauwarm trinken.

Nach drei bis vier Wochen umstellen auf:

20 g Baldrian
20 g Centella asiatica
30 g Hopfenzapfen
20 g Melisse
10 g Passiflora foetida
40 g Römische Kamille

Ein bis zwei Teelöffel der Mischung mit einem Viertelliter kochendheißem Wasser überbrühen, 15 Minuten ziehen lassen, dann abseihen.

Täglich vier- bis fünfmal eine Tasse trinken.

Nach drei Wochen ist mit einer Besserung der Übererregbarkeit zu rechnen.

Zur Unterstützung läßt sich folgende Lösung in Form von *Tropfen* einnehmen:

20 g Hopfenextrakt
30 g Johanniskrauttinktur
20 g Passiflora incarnata (Tinktur)
mit verdünntem Alkohol (70prozentig) auf 100 g auffüllen.

Drei Wochen hindurch täglich dreimal 15 Tropfen nehmen.

Zu häufiger und seltener Lidschlag

Meist resultiert *zu häufiger Lidschlag* aus einer Überfunktion der Schilddrüse. Auf einen ausgleichenden Einfluß zielt dieser *Tee* ab:

25 g Baldrianwurzel
15 g Klettenwurzel
25 g Krappwurzel
30 g Löwenzahnwurzel
30 g Seifenkrautwurzel
10 g Süßholz

Zwei Teelöffel der Mischung in einem Viertelliter Wasser für zwei Stunden kalt ansetzen, kurz aufkochen, dann 20 Minuten ziehen lassen und abseihen. Zwei bis dreimal täglich eine Tasse vor den Mahlzeiten zu sich nehmen.

Nach zwei bis drei Wochen umstellen auf:

10 g Argemone mexicana
30 g Baldrian
30 g Krappwurzel
40 g Sassafras
10 g Süßholz

Ein bis zwei Teelöffel davon in einem Viertelliter Wasser kurz aufkochen, 15 Minuten ziehen lassen und abseihen. Täglich zwei- bis dreimal eine Tasse trinken.

Bei jeder Schilddrüsenfunktionsstörung ist jedoch eine fachärztliche Überwachung erforderlich.

Seltener Lidschlag ist meistens Zeichen für eine Unterfunktion der Schilddrüse. Als *Tee* empfiehlt sich daher:

10 g Argemone mexicana
30 g Beinwellwurzel
30 g Blasentang
40 g Brunnenkresse
20 g Eisenkraut
10 g Klettenwurzel
10 g Römische Kamille

20 g Vogelknöterich
10 g Wasserfenchelsamen

Zwei Teelöffel dieser Substanz in einem Viertelliter Wasser kalt ansetzen, ausziehen, dann ein bis zwei Minuten kochen und 15 Minuten ziehen lassen, abseihen. Drei- bis viermal täglich eine Tasse trinken.

Nach drei bis vier Wochen umstellen auf:

10 g Birkenblätter
50 g Blasentang
15 g Clerodendron intermedium
10 g Eisenkraut
30 g Stiefmütterchen
10 g Süßholz

Nicht kalt ansetzen, sonst wie oben.

Bei einer Unterfunktion der Schilddrüse müssen regelmäßig Untersuchungen durchgeführt werden.

Nach weiteren drei bis vier Wochen umstellen auf:

10 g Baldrian
40 g Blasentang
30 g Ehrenpreis
30 g Pfefferminze
20 g Römische Kamille
20 g Vogelknöterich
15 g Wegwarte

Zubereitung und Anwendung wie oben.

Die Augenbrauen

Schön geschwungene Augenbrauen geben dem Gesicht eine ganz persönliche Note. Außerdem haben Augenbrauen einen stark erotischen Akzent. Doch ihnen eignet auch eine Funktion: Ihr Nutzen liegt im Schutz der Augen vor zu starkem Lichteinfall oder vor Wind, Staub und Schweiß. Wer sich etwas längere Brauen wünscht, kann ihr Wachstum mit *Salbeiöl* oder *Klettenwurzelextrakt* fördern. Es bedarf aber einiger Geduld, denn die Brauen wachsen langsamer als andere Körperhaare.

Sind die *Brauen dünn und brüchig,* empfiehlt es sich, jeden Tag sechs Tabletten eines *Kieselsäurepräparats* einzunehmen. *Seitlich ausgefallene Brauen* bedeuten immer, daß der Körper zu Ekzemen, Allergien oder Neurodermitis neigt. Hier wird der Arzt die spezielle Situation berücksichtigen.

Folgender *Tee* kann das *Wachstum der Brauen* begünstigen:

30 g Brennessel
30 g Quisqualis indica
40 g Römische Kamille
20 g Schafgarbe
20 g Tagetes erecta
20 g Vitex negundo

Von ein bis zwei Teelöffeln der Kräuterzusammenstellung und einem Viertelliter Wasser einen Aufguß bereiten. Täglich drei bis vier Tassen davon trinken. Innerhalb von drei bis vier Wochen ist mit einer deutlichen Stärkung des Brauenwachstums zu rechnen. Danach ist es gut, zu folgender Mischung überzugehen:

20 g Alpen-Frauenmantel
20 g Lavendelblüten
20 g Rosmarin
20 g Weiße Schafgarbe
10 g Ximenia americana
20 g Xylocarpus granatum
30 g Zanthoxylum arvicennae

Wenn durch das Auszupfen von Brauenhaaren *Entzündungen* entstanden sind, empfiehlt es sich, die betroffenen Stellen mit *Pfefferminzöl* abzutupfen. Dies verhindert weiteres Bakterienwachstum.

Viertes Kapitel

Was Ihr Atem und Ihr Mund verraten

»Bitte machen Sie den Mund auf« – damit beginnen viele Untersuchungen beim Arzt. Lippen und Mundhöhle sind verräterische Gebiete, für die Medizin wie für die Psychologie. Zusammengepreßte, herabgezogene, höhnisch hochgezogene Lippen tragen auch ohne Worte eine Aussage. Überdies ist der Mund Ort intimster Begegnung – unsere Lippen küssen aus Liebe, aus Ehrfurcht, oder weil es Mode ist. Und Störungen fallen dort mehr auf als anderswo. Herpesbläschen an den Lippen oder schlechter Mundgeruch werden körperliche Kontakte gar nicht erst aufkommen lassen.

Übler Mundgeruch kann sogar zu großen zwischenmenschlichen Problemen führen. Manchmal wird der Betreffende von seinen Mitmenschen sogar gemieden.

Übler Mundgeruch

Ursache schlechtriechender Atemluft kann eine unzureichende *Mundhygiene* sein: Durch bakterielle Zersetzung von Eiweiß aus Nahrungsresten kommt es zu übelriechenden Aminosäureprodukten, die sich im Umkreis von ein bis zwei Metern als übler Geruch bemerkbar machen. Häufig geht übler Mundgeruch aber auch auf

Erkrankungen im Mund- und Rachenraum, der Speiseröhre oder des Magen-Darm-Traktes zurück, manchmal auf hormonelle Störungen, die besonders während der Menstruation auftreten.

Diabetes ist mit Störungen des Stoffwechsels verbunden, die azetonähnliche Produkte mit starkem, als widerlich empfundenem Geruch entstehen lassen. Streptokokkeninfektionen im Bereich der Nebenhöhlen äußern sich als faulig riechende Atemluft. Bei zu geringer Magensäureproduktion setzen Fäulnisprozesse im Magenbereich ein, aus denen aufgrund unvollständiger Eiweiß zersetzung übelriechende Stoffwechselzwischenprodukte hervor gehen. Bei schweren Lebererkrankungen riecht der Atem ebenfalls manchmal nach Fäulniserregern. Besonders auffällig ist der üble Geruch im Stadium der Leberzirrhose und Leberzersetzung.

In erster Linie ist es also wesentlich, auf eine sorgfältige Zahnpflege zu achten. Die zweimal jährliche Kontrolle durch den Zahnarzt sollte selbstverständlich sein. Außerdem empfiehlt es sich, nach jeder Reinigung vielleicht noch verbliebene Speisereste mit Zahnseide gründlich zu entfernen.

Ratsam ist auch eine Munddusche durch ein Gerät mit pulsierendem Wasserstrahl. Sie wirkt noch nachhaltiger, wenn man dem Duschwasser (je Viertelliter zehn Tropfen) *Pfefferminzöl* oder (fünf Tropfen) *Eukalyptusöl* zufügt. (Weitere Hinweise zur Pflege von Zähnen und Zahnfleisch siehe in dem entsprechenden späteren Abschnitt.)

Rührt der schlechte Geruch von *Zahnfleischentzündungen* her, trägt diese *Teezusammensetzung* zur Besserung bei:

20 g Alantwurzel
30 g Benediktenkrautwurzel
10 g Mariendistelkraut
10 g Medusa betis
20 g Milaleuca leucadendron
10 g Milastoma bathricum
30 g Salbei
10 g Stiefmütterchen

Zwei Teelöffel der Mischung mit einem Viertelliter kochendheißem Wasser aufgießen, 15 Minuten ziehen lassen, abseihen. Mit dem Tee den Mund ausspülen, eventuell auch gurgeln. Am besten ist es jedoch, täglich drei Tassen davon ungesüßt zu trinken.

Als weiteres Mittel gegen schlechten Atem durch *Entzündungen* im *Mundraum* bewährte sich ein *Tee* anderer Kombination:

20 g Birkenblätter
10 g Goldrute
20 g Römische Kamille
30 g Rhombus molucanus
30 g Salbei
20 g Terminalia comitana

Zubereitung wie oben. Den Tee den ganzen Tag verteilt trinken. Innerhalb von zwei bis drei Wochen lassen sich dadurch Entzündungen im Mundbereich beheben. Denn desinfizierende Wirkstoffe hemmen die Verbreitung der Bakterien.

Manchmal helfen gegen schlechten Atem auch *Eukalyptusblätter* oder frische *Wacholderbeeren,* die gekaut werden.

In *hartnäckigen Fällen von schlechtem Atem* trägt folgende Mischung zur Besserung bei:

10 g Myrica rubra
30 g Pollalisia icosandra
20 g Pteris enciformis
30 g Römische Kamille
40 g Salbei
10 g Tamarindus indica
30 g Wacholderspitzen

Zubereitung und Anwendung wie bei obigem Tee.

Wer *nach einem fetten Essen* zu Mundgeruch neigt, sollte einige Tropfen *Pfefferminzöl* mit Wasser verdünnt einnehmen. Durch die desinfizierende und desodorierende Wirkung von Pfefferminzöl kann schlechter Geruch gar nicht erst entstehen.

Liegt die Ursache in der *Entzündung der Nasennebenhöhlen,* sorgen ebenfalls *Kräutertees* für Abhilfe:

30 g Birkenblätter
20 g Brennessel
20 g Echinacea purpurea
30 g Luffa cylindrica
40 g Römische Kamille
30 g Salbei
20 g Zicca acida

Zubereitung wie oben. Von diesem Tee drei- bis viermal täglich eine Tasse trinken.

Nach zwei Wochen sollte zu folgender Mischung gewechselt werden:

60 g Echte Kamille
20 g Quisqualis indica
40 g Salbei
30 g Tausendguldenkraut
20 g Vitex negundo
30 g Weiße Schafgarbe

Zubereitung wie oben, lauwarm schluckweise über den Tag verteilt trinken.

Sollte der schlechte Atem nach weiteren zwei Wochen noch nicht behoben sein, empfiehlt sich dieser *Tee:*

30 g Kalmus
39 g Pfefferminze
60 g Salbei
30 g Tagetes erecta
20 g Tamarindus indica
20 g Wacholderbeeren

Zwei Teelöffel der Kräuterzusammenstellung mit einem Viertelliter kaltem Wasser übergießen, kurz aufkochen und zehn Minuten ziehen lassen, dann abseihen. Schluckweise über den Tag verteilt trinken.

Handelt es sich um sehr *hartnäckigen Mundgeruch,* ist es vorteilhaft, jeden Tag sechs bis zehn *Chlorophyll-Tabletten* einzunehmen. Dies kann die Teekur wirksam unterstützen.

Wenn der schlechte Geruch durch eine *Lebererkrankung* auftritt, empfiehlt sich:

20 g Melisse
30 g Pfefferminze
30 g Quendel
20 g Tausendguldenkraut
10 g Wacholderspitzen
30 g Ximenia americana
10 g Zanthoxylum alatum

Zubereitung wie oben. Der Tee wird über den Tag verteilt getrunken.

Bei schlechtem Geruch infolge von *Darmfäulnisbakterien:*

20 g Luffa cylindrica
20 g Fenchel
30 g Römische Kamille
40 g Salbei

Zubereitung wie oben. Täglich drei bis fünf Tassen trinken.

Nach drei Wochen zu folgendem *Tee* übergehen:

20 g Acalypha indica
30 g Ackerschachtelhalm
10 g Allamanda cathartica
20 g Argemone mexicana
20 g Bärentraubenblätter
20 g Birkenblätter
20 g Bohnenhülsen
10 g Cassia fistula
30 g Kalmus
20 g Leinsamen

Zubereitung wie oben. Täglich ein bis zwei Tassen trinken.

Gesunde Zähne, gesundes Zahnfleisch

Die Gesundheit von Zähnen und Zahnfleisch hängt vor allem von einer sorgfältigen Pflege und Mundhygiene ab. Dreimal tägliches *Reinigen* der Zähne (nach den Mahlzeiten), Entfernen von Speiseresten mit *Zahnseide* und *Munddusche* und die schon erwähnte zweimal jährliche Kontrolle durch den Zahnarzt zählen dazu.

Nicht weniger Bedeutung kommt jedoch der *Ernährung* zu. Bekannt ist, daß jede Form von Zucker, auch Honig, den Zähnen schadet, beziehungsweise den Zahnschmelz angreift. Dem läßt sich nur begegnen, wenn man unmittelbar nach jedem Verzehr von Süßigkeiten oder zuckerhaltigen Speisen und Getränken die Zähne reinigt. – Allgemein ist es jedoch gesünder, auf Zucker und Süßigkeiten ganz zu verzichten.

Süßigkeiten sollten am besten durch Früchte ersetzt werden. Anstelle von Limonaden und industriell hergestellten Säften sollten naturreine Fruchtsäfte den Flüssigkeitsbedarf decken. Frisch gepreßter *Karottensaft* festigt das Zahnfleisch und führt den Zähnen notwendige Spurenelemente zu. Ratsam ist es, täglich einen viertel bis einen halben Liter unpasteurisierter Milch zu trinken, um dem Körper – und den Zähnen – ausreichend Kalzium anzubieten. Anstelle von Frischmilch erfüllt auch Joghurt diesen Zweck. Von den Brotsorten sollte Vollkornbrot den Vorrang haben.

Damit die Zähne ihren festen Halt und Sitz nicht verlieren, bedarf es eines gesunden Zahnfleisches. Zu dessen Kräftigung von innen her können Tees beitragen.

Zur *Pflege von Zahnfleisch und Zähnen* eignet sich:

10 g Lagerstroemia indica
10 g Lonicera japonica
10 g Pfefferminze
10 g Polygonum barbatum
60 g Römische Kamille
40 g Rosenblätter
30 g Salbei
10 g Thymian

Ein bis zwei Teelöffel davon mit einem Viertelliter kochendheißem Wasser aufgießen und 15 Minuten ziehen lassen. Abseihen und über den Tag verteilt trinken.

Tee *für die Erhaltung eines gesunden Zahnfleisches:*

10 g Argemone mexicana
5 g Arnika
10 g Beinwell
10 g Centella asiatica
30 g Fenchel
20 g Ringelblume
40 g Römische Kamille
30 g Salbei
20 g Taubnesselblüten

Ein bis zwei Teelöffel der Mischung mit einem Viertelliter siedendem Wasser überbrühen, 15 Minuten ziehen lassen, dann abseihen. Täglich drei bis vier Tassen trinken.

Zur *Pflege des Zahnfleisches* kann man es mit einigen Tropfen *Myrrhetinktur* einpinseln und nach einer Viertelstunde Einwirkungsdauer mit lauwarmem Wasser gurgeln. Bei starkem *Zahnfleischbluten* empfehlen sich Mundspülungen mit folgendem *Tee:*

30 g Eichenrinde
10 g Melothria indica
30 g Römische Kamille
50 g Salbei

Zubereitung wie oben, aber 20 Minuten ziehen lassen, den Mund stündlich damit spülen und leicht gurgeln. Die Gerbstoffe der Eichenrinde wirken zusammenziehend, blutstillend und entzündungswidrig, bilden also einen guten Schutz für das Zahnfleisch.

Um *Zahnfleischstörungen* und *Parodontose vorzubeugen,* empfiehlt sich folgender *Tee:*

30 g Mariendistel
30 g Römische Kamille
20 g Salbei
10 g Argemone mexicana

Zubereitung wie oben, jedoch 20 Minuten ziehen lassen. Täglich vier bis fünf Tassen trinken.

Nach zwei bis drei Wochen umstellen auf dieses erweiterte *Rezept:*

10 g Geißbartblüten
20 g Kalmus
30 g Königskerzenblüten
10 g Plumeria acuminata
40 g Römische Kamille
20 g Salbei
10 g Weidenrinde

Zubereitung und Anwendung wie oben.

Pflege der Lippen

Die Lippen, diese manchmal leicht wulstige Verdickung des Mundrands, sind nach außen durch die feine Lippenschleimhaut begrenzt, die dann in die Mundschleimhaut übergeht. Die Lippenschleimhaut ist sehr empfindlich und neigt zu Ausschlägen. Es entstehen öfter kleine Bläschen (*Herpes* – Näheres dazu im Kapitel über Haut). Bisweilen ist die Haut der Lippen rauh und rissig. Bei Allergien kommt es manchmal zu einer starken Schwellung *(Lippenödem).* Viele Frauen leiden unter *allergischen Hauterscheinungen,* die mit Juckreiz und Hautabschälung verbunden sind – meist eine Folge unsachgemäß angewandter Lippenstifte.

Zur *Pflege* der Lippen mit Hilfe pflanzlicher Wirkstoffe empfiehlt sich dieser Kräuter*tee:*

10 g Faulbaumrinde
20 g Fenchel
20 g Pterocarpus indicus
40 g Römische Kamille
30 g Salbei

Zwei Teelöffel davon sollten in einem Viertelliter Wasser kurz aufkochen und eine Viertelstunde ziehen, dann abseihen. Über den Tag verteilt vier bis sechs Tassen trinken.

Nach etwa zwei bis drei Wochen zu diesem Kräuter*tee* übergehen:

10 g Alpen-Frauenmantel
20 g Barbeta indica
30 g Echte Kamille
20 g Frauenmantel
30 g Plumeria acuminata
40 g Römische Kamille

Zubereitung wie oben. Jeweils eine halbe Stunde vor den Mahlzeiten eine Tasse in kleinen Schlucken heiß und ungesüßt trinken.

Über Nacht können auf die Lippen angefeuchtete *Kamillenteebeutel* gelegt werden. Dadurch werden bestehende Entzündungsherde beseitigt, und die Haut der Lippen wird glatt und geschmeidig.

Ein weiterer *Kräutertee,* der dazu beiträgt, die Lippen glatt und weich zu halten, hat folgende Zusammenstellung:

30 g Brombeerblätter
5 g Erdbeerblätter
10 g Himbeerblätter
20 g Hirtentäschelkraut
20 g Plumbago indica
20 g Rosmarin
30 g Salbei
20 g Schlehdorn
5 g Wermut

Mit einem Viertelliter kochendheißem Wasser zwei Teelöffel der Mischung überbrühen, 20 Minuten ziehen lassen und schluckweise vor den Mahlzeiten trinken.

Wenn *aufgesprungene Lippen* mit *Verstopfung, seelischer Unruhe* und *Aufregungen* verbunden sind, verhilft ein *Tee* mit teilweise beruhigenden Komponenten zur Besserung:

20 g Birkenblätter
10 g Brennessel
30 g Fenchel
20 g Melina philipense
20 g Passiflora incarnata
10 g Plumeria acuminata
40 g Römische Kamille
30 g Schafgarbe

Zwei Teelöffel der Substanz in einem Viertelliter Wasser kurz aufkochen, eine Viertelstunde ziehen lassen, dann abseihen. Vor den Mahlzeiten jeweils eine Tasse heiß und ungesüßt trinken.

Nach zwei bis drei Wochen kann man eine andere *Teemischung* wählen:

10 g Alpen-Frauenmantel
20 g Brennessel
20 g Brombeerblätter
30 g Erdbeerblätter
20 g Melina philipinensis
40 g Römische Kamille

Mit zwei Teelöffeln dieser Kombination und einem Viertelliter Wasser einen Aufguß herstellen, der 20 Minuten ziehen soll. Abseihen und über den Tag verteilt heiß und ungesüßt trinken.

Äußerlich können die Lippen mit *Vaseline,* der *Kamillenöl* beigemengt wurde, eingerieben werden.

Täglich zu den Mahlzeiten kandierten *Ingwer* zu essen, pflegt die Lippen ebenfalls. Es regt ihre Durchblutung an, und sie werden glatt und elastisch.

Fünftes Kapitel

Wie man die Hände gut behandelt

Handlesen – diese Kunst betreibt jeder Arzt. Er liest nicht das Schicksal heraus, er deutet nicht die Zukunft. Farbe und Feuchtigkeit der Haut, Temperatur, Schwielen, Fingerzittern, Beschaffenheit der Nägel – all das sind Aussagen über die Gesundheit des Menschen. So kann Handschweiß eine vegetative Störung, etwa der Schilddrüse, bedeuten – um nur ein Beispiel zu nennen.

Die Hände sind unser wichtigstes Werkzeug. Wie schon an anderer Stelle erwähnt, müssen sie manchmal sogar die Augen ersetzen. Nicht nur Blinden, die mit den Händen lesen, auch Menschen mit normaler Sehkraft geben die Fingerspitzen oft mehr Auskunft über die Beschaffenheit eines Gegenstandes als die Augen. Ist er glatt, fühlt er sich samtig an? Ist er warm, kalt, heiß? Solche Information erhalten wir häufig zuerst über das Tasten. Ebenso *reden* wir mit den Händen – sie drücken Stimmungen aus, liefern durch Gesten wortlose, deutliche Aussagen. So viel Hilfe uns die Hände gewähren, sowenig achten wir oft auf sie. Darüber hinaus kommen unsere Hände immer häufiger mit Stoffen in Berührung, die der Haut schaden, sie rissig machen und austrocknen. Zeugnis davon geben die Hände einer Hausfrau, nachdem sie Putz- und Waschmittel anwandte. Hier kann eine Creme aus natürlichen Heilstoffen ausgleichen. Aber bitte denken Sie daran: Für die vom Inneren des Organismus ausgehenden Einflüsse, etwa bei Erkrankungen, die sich auf die Hände auswirken, tragen wieder Tees dazu bei, die Schönheit der Hände zurückzugewinnen.

Creme und Tee helfen auch den Händen

Zunächst aber noch einige grundsätzliche Ratschläge: Benutzen Sie eine gute, rückfettende, alkalifreie Seife ohne jede Parfümierung (diese könnte die Haut reizen) und ohne Farbstoffe. (Synthetische Seifen oder Seifenlösungen sind weniger günstig, da sie die Haut meist verhältnismäßig stark austrocknen.) Steht Ihnen eher hartes, also kalkreiches Wasser zur Verfügung, so mildern einige Tropfen *Zitronensaft* oder ein Spritzer *Obstessig* dessen Wirkung.

Seifenreste an den Händen trocknen die Haut aus und führen zu Rissigkeit. Daher müssen die Hände nach jedem Waschen ausgiebig gespült werden. Nicht minder wichtig ist das sorgfältige Abtrocknen, da der Haut durch verdunstende Wasserreste ebenfalls Feuchtigkeit entzogen wird.

Um Geschmeidigkeit und Elastizität der Haut, die unsere Hände je nach Behandlung gepflegt oder vernachlässigt aussehen läßt, zu erhalten, sollte sie nach jedem Waschen – mit dünn aufgetragener Creme – sanft eingerieben werden. Dabei streicht man das Pflegemittel stets von den Fingerkuppen in Richtung Handgelenk.

Die nun genannte *Creme* verbindet Pflege und Vorbeugung gegen einen zu schnellen Alterungsprozeß der Haut:

1 g Arnikaöl
1 g Beinwellöl
1 g Placenta-Extrakt
1 g Pfefferminzöl
1 g Ringelblumenöl
mit Basunguent® auf 100 g auffüllen.

Alle Zutaten zu einer homogenen Creme verrühren und diese nach jedem Waschen, wie beschrieben, leicht in die Haut einstreichen.

Nicht immer reicht die Creme aus, vor allem wenn Störungen die Hände beziehungsweise deren Haut verändern. Häufige Symptome für krankheitsbedingte Abweichungen sind das Anschwellen der Hände und Ekzeme.

Geschwollene Hände

Um die Schwellung zum Abklingen zu bringen, sollte man diesen *Tee* anwenden:

20 g Abrus precatorius
30 g Ackerschachtelhalm
20 g Brennessel
20 g Centella asiatica
30 g Weiße Schafgarbe

Ein bis zwei Teelöffel der Mischung mit einem Viertelliter kochendheißem Wasser aufgießen, 15 Minuten ziehen lassen und abseihen. Täglich über den Tag verteilt ein bis zwei Tassen trinken.

Teerezept, wenn die Schwellung der Hände infolge *mangelhafter Nierentätigkeit* auftritt:

40 g Ackerschachtelhalm
20 g Argemone mexicana
30 g Bärentraubenblätter
20 g Brennessel
30 g Färber-Ginster
30 g Römische Kamille
30 g Vogelknöterich

Zubereitung und Anwendung wie oben.

Wenn die Schwellung der Hände durch *Herz-Kreislauf-Beschwerden* verursacht wird, unterstützt folgende *Teekombination* die beteiligten Organe:

20 g Abrus precatorius
30 g Ackerschachtelhalm
10 g Argemone mexicana
30 g Brennessel
20 g Goldrute

20 g Hauhechelwurzel
30 g Schafgarbe
10 g Wacholderbeeren
30 g Weißdornblüten
30 g Weißdornfrüchte

Zubereitung und Anwendung wie oben.

Kommt es infolge von *Lymphstauungen* zu Schwellungen, hilft dieser *Tee:*

10 g Abrus precatorius
30 g Adiantum philippense
20 g Bärentraubenblätter
30 g Birkenblätter
20 g Maisgriffel
10 g Queckenwurzel
10 g Süßholz

Zubereitung und Anwendung wie oben.

Sind *nervöse Beschwerden* die Ursachen:

10 g Abutilon indicum
10 g Argemone mexicana
20 g Baldrian
10 g Ehrenpreis
10 g Eibischblüten
20 g Hopfenzapfen
30 g Passiflora incarnata
20 g Salbei

Zubereitung und Anwendung wie oben.

Tritt die Schwellung infolge von *Stoffwechselstörungen* auf, bewährt sich eine andere Zusammensetzung:

30 g Ackerschachtelhalm
10 g Aerva lanata
10 g Argemone mexicana
20 g Birkenblätter
30 g Faulbaumrinde

20 g Färber-Ginster
10 g Sennesblätter
20 g Vogelknöterich
10 g Wacholderbeeren

Zubereitung wie oben. Zwei bis drei Tassen täglich heiß trinken.

Auch gegen die Schwellung bei *krankhafter Fettsucht* besteht eine *Teemischung:*

20 g Birkenblätter
30 g Brennessel
30 g Cynodon dactilon
20 g Römische Kamille
10 g Rosmarin
10 g Salbei
30 g Schlehdorn
10 g Wermut

Zubereitung wie oben, aber 10 Minuten ziehen lassen. Täglich drei Tassen schluckweise trinken.

Ekzeme an den Händen

Wenn sich an den Händen ein *Ekzem* bildet, ist folgender *Tee* zu empfehlen:

20 g Abutilon indicum
30 g Berberitze
10 g Ehrenpreis
20 g Klettenwurzel
30 g Labkraut
15 g Ringelblume
10 g Stiefmütterchen

Zubereitung wie oben, nur 15 Minuten ziehen lassen. Drei- bis viermal täglich eine Tasse trinken.

Zur äußerlichen Behandlung bewährt sich diese *Salbe* gut:

3 g Arnikaöl
2 g Beinwellöl

2 g Pfefferminzöl
3 g Salizylsäure
2 g gefällter Schwefel
mit Basunguent® auf 50 g auffüllen

Alle Bestandteile der Salbe sorgfältig miteinander verrühren, damit sie täglich zweimal dünn und gleichmäßig auf die betroffenen Stellen aufgetragen werden kann. (Im Gegensatz zu bei Ekzemen häufig verordneten Salben enthält sie kein Kortison.)

Zusätzlich sollte folgender *Tee* getrunken werden:

10 g Alpen-Frauenmantel
20 g Brennessel
30 g Echtes Mädesüß
10 g Ehrenpreis
10 g Elephantopus mollis
20 g Heliotropium indicum
30 g Römische Kamille
20 g Weiße Schafgarbe

Zubereitung wie bei obigem Teerezept. Täglich drei- bis viermal eine Tasse trinken.

Nach etwa zwei Wochen zu diesem *Tee* wechseln:

10 g Erdrauch
30 g Ehrenpreis
20 g Ixora chinensis
30 g Quecke
20 g Ruprechtskraut
20 g Spitzwegerich
5 g Wermut

Zubereitung wie oben. Vier- bis fünfmal täglich eine Tasse lauwarm trinken.

Sollte nach weiteren drei bis vier Wochen das Ekzem noch nicht zurückgegangen sein, empfiehlt sich:

20 g Ackerschachtelhalm
10 g Eichenrinde

10 g Salbei
20 g Sambucus iamanica
20 g Sida acuta
20 g Süßholz
30 g Tausendguldenkraut

Zwei Teelöffel davon mit einem Viertelliter kaltem Wasser übergießen, zum Kochen bringen und kurz aufwallen, dann 15 Minuten ziehen lassen und abseihen. Vier- bis fünfmal täglich eine Tasse lauwarm trinken.

Blasse Hände

Sind die *Hände blaß und schlecht durchblutet,* so ist dieser *Tee* ratsam:

10 g Argemone mexicana
30 g Brennessel
10 g Fenchel
30 g Hagebutten
20 g Hibiscus syriacus
20 g Petersilienwurzel
30 g Wacholderbeeren

Zubereitung wie oben. Drei- bis viermal täglich eine Tasse trinken.

Wohltat für die Fingernägel

Fingernägel sind gleichsam ein Gesundheitsbarometer. Bereits geringe Abweichungen von ihrem Normalzustand – gesunde Fingernägel sind glatt, ohne Verfärbungen und kräftig – können Hinweise auf einen Mangel, eine Störung oder eine Erkrankung sein. Wie brüchige oder farblose Fingernägel wieder Kraft und Glanz erhalten, womit man die Nagelhaut pflegen kann und vieles mehr sei mit den folgenden Rezepten angegeben.

Schöne, glänzende Fingernägel

Ein *Tee,* der von innen her für *Schönheit und Glanz der Nägel* sorgt, besteht aus:

30 g Ackerschachtelhalm
30 g Bärentraubenblätter
20 g Birkenblätter
20 g Bohnenhülsen
20 g Kalmus
20 g Polanisia icosandra
10 g Zanthoxylum alatum

Zwei Teelöffel davon in einem Viertelliter Wasser kurz aufkochen, dann 10 Minuten ziehen lassen und abseihen. Vor den Mahlzeiten je eine Tasse trinken.

Zusätzlich kann man folgende *Salbe* auf die Nägel auftragen:

5 g Bienenwachs
3 g Pfefferminzöl
2 g Salbeiöl
mit Basunguent® auf 50 g auffüllen.

Das Bienenwachs im heißen Wasserbad schmelzen und mit den restlichen Rezeptbestandteilen gut verrühren. Morgens und vor allem abends die Nägel dünn mit der Salbe bestreichen.

Ein weiterer, ebenfalls wirkungsvoller *Tee* setzt sich zusammen aus:

20 g Ackerschachtelhalm
10 g Melisse
30 g Römische Kamille
20 g Tausendguldenkraut
20 g Wacholder
10 g Zanthoxylum alatum

Zubereitung und Anwendung wie bei obigem Teerezept.

Zu schönen, glänzenden Nägeln trägt auch dieser *Tee* bei:

30 g Ackerschachtelhalm
10 g Blasentang

30 g Kalmus
40 g Römische Kamille
20 g Sonnentau
10 g Vogelknöterich
10 g Zynthoxylum alatum

Zubereitung wie oben. Vor den Mahlzeiten je eine Tasse trinken.

Abgebissene Nägel

10 g Brassica juncea ssp. integrifolia
10 g Calotropis gigantea
30 g Hopfenzapfen
20 g Melisse
30 g Orangenschalen
10 g Passiflora foetida
10 g Passiflora incarnata

Zubereitung wie oben (zwei Teelöffel für einen Viertelliter Wasser, 10 Minuten ziehen lassen). Dreimal täglich (vor den Mahlzeiten) eine Tasse schluckweise trinken.

Nach zwei bis drei Wochen umstellen auf:

30 g Benediktenkraut
10 g Capparis rorida
20 g Melisse
10 g Orangenschalen
40 g Passiflora foetida
30 g Römische Kamille

Wie oben einen Aufguß herstellen, der 20 Minuten ziehen soll, dann abseihen. Dreimal täglich je eine Tasse schluckweise vor den Mahlzeiten trinken.

Bei hartnäckiger Neigung zum Nägelbeißen empfiehlt sich ein Bittermittel *(Tinctura amara)*. Die Nägel damit drei- bis viermal täglich einpinseln. Der starke Bittergeschmack hält vom Nägelkauen ab.

Brüchige und spröde Fingernägel

Bei der Neigung zu *brüchigen Fingernägeln* sorgt dieser *Tee* für mehr Festigkeit:

20 g Brennessel
30 g Brombeerblätter
20 g Erdbeerblätter
10 g Himbeerblätter
30 g Römische Kamille
30 g Selaginella tamariscina
30 g Weiße Schafgarbe

Zwei Teelöffel der Kräutersubstanz mit einem Viertelliter kochendheißem Wasser aufgießen, 15 Minuten ziehen lassen und abseihen. Die Tagesmenge beträgt mindestens vier bis fünf Tassen.

Bei brüchigen Fingernägeln sollte dreimal täglich eine Kapsel *Kieselerde* eingenommen werden.

Nagelöl gegen brüchige Nägel:

20 g Olivenöl
20 g Pfefferminzöl
10 g Salbeiöl
mit Salbengrundlage auf 100 g auffüllen.

Aus den sorgfältig miteinander vermischten Zutaten ergibt sich ein Öl, das man mit einem Wattebausch täglich auf die Nägel auftragen sollte.

Nach zwei bis drei Wochen umstellen auf diese *Creme:*

2 g Eukalyptusöl
3 g Olivenöl
5 g Pfefferminzöl
5 g Salbeiöl
mit Salbengrundlage auf 100 g auffüllen.

Alles gut miteinander verrühren und wie oben anwenden.

Bei *brüchigen und spröden Fingernägeln* hilft folgende *Teemischung:*

30 g Brennessel
30 g Echte Kamille
20 g Limnophila indica
20 g Schafgarbe

Zubereitung wie oben, nur 10 Minuten ziehen lassen und abseihen. Je eine Tasse vor den Mahlzeiten trinken.

Bei *besonders brüchigen Nägeln* hat sich dieses *Teerezept* bewährt:

40 g Ackerschachtelhalm
30 g Echte Kamille
20 g Melothria concatenata
20 g Römische Kamille
40 g Salbei

Zubereitung wie oben, aber 15 Minuten ziehen lassen. Schluckweise über den Tag verteilt trinken.

Bei brüchigen Nägeln infolge von *Blutarmut* kräftigt dieser Tee:

30 g Brennessel
40 g Hagebutten
20 g Löwenzahnwurzel
30 g Meisterwurz
20 g Vitex negundo

Zubereitung und Anwendung wie oben.

Nach zwei bis drei Wochen umstellen auf eine andere Zusammenstellung:

30 g Beinwell
10 g Ehrenpreis
20 g Eisenkraut
20 g Klette
10 g Passiflora foetida
10 g Quassia amara
30 g Römische Kamille

Zubereitung und Anwendung wie oben.

Ist Brüchigkeit der Nägel durch *Stoffwechselstörungen* bedingt, so bewährt sich dieses *Teerezept:*

30 g Alpen-Frauenmantel
30 g Brennessel
10 g Brombeerblätter
10 g Erdbeerblätter
10 g Frauenmantel
20 g Löwenzahn
30 g Pfefferminze
30 g Thymian
20 g Waldmeister
10 g Walnußblätter
20 g Zanthoxylum alatum

Zubereitung wie oben. Vor den Mahlzeiten je eine Tasse trinken.

Nach etwa zwei bis drei Wochen übergehen zu:

30 g Echte Kamille
20 g Frauenmantel
10 g Mollugo pentaphylla
10 g Salbei
30 g Schafgarbe

Zubereitung und Anwendung wie oben.

Nagelverfärbungen

Stark gerötete Fingernägel deuten auf eine zu starke Gewebedurchblutung hin. Ursache ist ein zu hoher Blutdruck. Folgende *Tees* wirken dem entgegen:

20 g Argemone mexicana
30 g Brennessel
20 g Hirtentäschelkraut
30 g Melisse
20 g Pfefferminzblätter
50 g Weißdornblüten
30 g Weißdornfrüchte
20 g Zwerg-Schafgarbe

Ein bis zwei Teelöffel davon mit einem Viertelliter kochendheißem Wasser aufgießen, 15 Minuten ziehen lassen und abseihen. Täglich dreimal vor den Mahlzeiten lauwarm trinken. Dabei müssen die Blutdruckwerte regelmäßig beobachtet werden.

Nach zwei bis drei Wochen umstellen auf:

30 g Ackerschachtelhalm
20 g Centella asiatica
30 g Enzianwurzel
20 g Vogelknöterich
40 g Weißdornblüten

Zubereitung und Anwendung wie oben.

Wenn die *Nägel bläulich verfärbt* sind, empfiehlt sich diese Mischung:

20 g Birkenblätter
30 g Brennessel
30 g Celosia argentia
10 g Enzianwurzel
30 g Lungenkraut
20 g Weißdornblüten
20 g Weißdornfrüchte

Zubereitung und Anwendung wie oben.

Nach zwei bis drei Wochen umstellen auf:

20 g Alpen-Frauenmantel
40 g Brennessel
20 g Desmodium heterophyllum
10 g Heliotropium indicum
30 g Weißdornfrüchte
30 g Weiße Schafgarbe

Ein bis zwei Teelöffel der Mischung mit einem Viertelliter kaltem Wasser übergießen, zum Kochen bringen, ein bis zwei Minuten kochen, dann 20 Minuten ziehen lassen und abseihen. Dreimal täglich zu den Mahlzeiten je eine Tasse schluckweise trinken.

Blaugraue Verfärbungen der Nägel weisen manchmal auf eine

Tumorerkrankung hin. Es ist selbstverständlich eine fachärztliche Untersuchung erforderlich. Folgender *Tee* kann den Körper unterstützen:

20 g Centella asiatica
100 g Inka-Tee
30 g Weiße Schafgarbe

Zubereitung wie oben, über den Tag verteilt vier bis fünf Tassen trinken.

Nach drei bis vier Monaten diese Kombination wählen:

20 g Centella asiatica
30 g Echinacea purpurea
40 g Johanniskraut
30 g Römische Kamille
40 g Weiße Schafgarbe

Zubereitung wie oben, schluckweise vor den Mahlzeiten je eine Tasse trinken.

Nach zwei bis drei Wochen schließlich wechseln zu:

10 g Enzianwurzel
100 g Korallendorntee
30 g Römische Kamille

Mit ein bis zwei Teelöffeln der Mischung und einem Viertelliter Wasser einen Aufguß bereiten, der 25 Minuten zieht, dann abseihen. Je eine Tasse schluckweise vor den Mahlzeiten trinken.

Auf einen zu niederen Blutdruck deutet es meist hin, wenn die Fingernägel nahezu *farblos* erscheinen. Folgender *Tee* trägt zu einer Besserung bei:

10 g Clausena excavata
10 g Enzianwurzel
5 g Lavendel
20 g Römische Kamille
5 g Rosmarin
30 g Weißdornblüten
20 g Weißdornfrüchte

Zwei Teelöffel der Mischung mit einem Viertelliter kaltem Wasser zum Kochen bringen und ein bis zwei Minuten kochen, dann 20 Minuten ziehen lassen, anschließend abseihen. Dreimal täglich zu den Mahlzeiten je eine Tasse schluckweise trinken.

Nach zwei bis drei Wochen zu diesem *Tee* übergehen:

20 g Enzianwurzel
10 g Lavendel
10 g Psychotria luzonensis
20 g Pterocarpus indicus

Zubereitung und Anwendung wie oben.

Rillen in den Nägeln

Wenn die Nägel *Längsrillen* aufweisen, empfiehlt sich:

20 g Bibernellwurzel
20 g Centella asiatica
10 g Clausena excavata
20 g Dordonaea viscosa
10 g Gartenraute
40 g Hagebutten ohne Samen
20 g Vogelknöterich
10 g Weißdornblüten
30 g Weiße Schafgarbe

Zubereitung und Anwendung wie oben.

Nach zwei bis drei Wochen übergehen zu:

10 g Bärentraubenblätter
20 g Birkenblätter
10 g Celosia argentea
20 g Centella asiatica
10 g Centella repens
10 g Hirtentäschelkraut
5 g Petersilienfrüchte

30 g Römische Kamille
5 g Wacholderbeeren

Zubereitung und Anwendung wie oben.

Haben die Nägel *Querrillen,* so deutet dies häufig auf eine *Stoffwechselstörung* hin.

Folgende *Tee*mischung wird empfohlen:

10 g Brennessel
20 g Cassia tora
40 g Echte Kamille
20 g Erigeron sumatraensis
30 g Mariendistel
20 g Schafgarbe

Zehn Minuten ziehen lassen, sonst wie oben.

Nach zwei bis drei Wochen umstellen auf:

30 g Birkenblätter
20 g Bruchkraut
30 g Centella asiatica
10 g Gänsefingerkraut
10 g Hauhechel
20 g Liebstöckel
5 g Wacholderbeeren

Zubereitung wie oben – aber 20 Minuten ziehen lassen –, Anwendung ebenfalls wie dort.

Nagelpilz

30 g Blasentang
10 g Brassica juncea ssp. integrifolia
40 g Römische Kamille
20 g Salbei
10 g Solanum indicum

Zubereitung wie oben, jedoch nur 15 Minuten ziehen lassen, dreimal täglich vor den Mahlzeiten je eine Tasse trinken.

Über Nacht sollte eine zerquetschte *Knoblauchzehe* mit etwas *Zinnpulver* und einem Tropfen Salbeiöl gemischt auf den befallenen Finger- oder Zehennagel aufgetragen werden. Schon nach wenigen Tagen tritt eine Besserung ein.

Nagelveränderungen durch Schuppenflechte

Zur übrigen Behandlung der Schuppenflechte läßt sich dieser *Tee* zusätzlich mit dem Ziel anwenden, heilend im Sinn eines Rückgangs der Nagelveränderung einzuwirken:

20 g Birkenblätter
40 g Brennessel
20 g Echtes Mädesüß
20 g Heliotropium indicum
10 g Lespedeza thunbergii
20 g Mariendistel
40 g Römische Kamille
30 g Weiße Schafgarbe

Ein bis zwei Teelöffel davon mit einem Viertelliter kochendheißem Wasser aufgießen, 15 Minuten ziehen lassen und abseihen. Täglich dreimal vor den Mahlzeiten eine Tasse lauwarm trinken.

Nach zwei bis drei Wochen übergehen zu:

30 g Ackerschachtelhalm
20 g Erigeron sumatraensis
40 g Römische Kamille
20 g Tiarella ensifolia
30 g Weiße Schafgarbe

Zwei Teelöffel der Kräutermischung mit einem Viertelliter kaltem Wasser zum Kochen bringen, kurz aufkochen, 15 Minuten ziehen lassen und abseihen. Ebenfalls dreimal täglich – schluckweise – vor den Mahlzeiten je eine Tasse trinken.

Die folgenden beiden *Teekombinationen* haben sich bei *Schuppenflechte* ebenfalls bewährt:

10 g Annona muricata
10 g Kümmel
20 g Mariendistel
10 g Melisse
30 g Pfefferminze
20 g Tausendguldenkraut
10 g Wacholder

Den Aufguß von zwei Teelöffeln der Kräutermischung und einem Viertelliter Wasser zehn Minuten ziehen lassen, je eine Tasse vor den Mahlzeiten trinken.

Nach etwa zwei bis drei Wochen wechseln zu:

30 g Ackerschachtelhalm
20 g Bärentraubenblätter
10 g Birkenblätter
10 g Bitterklee
10 g Blumea balsamifera
30 g Bohnenhülsen
30 g Kalmus

Zwei Teelöffel davon mit einem Viertelliter Wasser kurz aufkochen, 10 Minuten ziehen lassen, abseihen. Dreimal täglich je eine Tasse vor den Mahlzeiten trinken.

Ebenso empfehlenswert ist dieses *Fingerbad:*

30 g Kamille
20 g Limnophila indica
20 g Salbei
30 g Thymian

Kurz aufkochen und zehn Minuten ziehen lassen, dann abseihen. Die Finger in dem Infus mindestens zehn Minuten baden.

Nagelhaut und Nagelbett

Eine gute *Pflegemöglichkeit* für Nagelhaut und Nagelbett bietet das *Handbad:*

30 g Meersalz
10 g Senfmehl
20 g Weizenkleie

Die Mischung zwei Minuten aufkochen und 20 Minuten ziehen lassen, dann abseihen. Die Flüssigkeit mit einem Liter Wasser verdünnen und zweimal täglich darin die Hände baden. Dadurch werden das Nagelbett und die Nagelhaut gefestigt.

Wenn die *Nagelhaut* häufig *einreißt,* ist folgender *Tee* zu empfehlen:

60 g Echte Kamille
30 g Pfefferminze
20 g Zanthoxylum alatum

Einen Aufguß (zwei Teelöffel der Kräutersubstanz für einen Viertelliter Wasser) bereiten, 10 Minuten ziehen lassen, abseihen. Schluckweise vor den Mahlzeiten je eine Tasse trinken.

Zur *Pflege des Nagelbetts* kann folgende *Ölmischung* verwendet werden:

5 g Arnikaöl
10 g Pfefferminzöl
mit Olivenöl auf 50 g Gesamtmenge auffüllen.

Diese Ölmixtur wird zweimal täglich mit einem Wattestäbchen auf das Nagelbett aufgetupft.

Bei der Neigung zu *Nagelbettentzündung:*

30 g Bockshornkleesamen
40 g Echte Kamille
20 g Pfefferminze
10 g Salbei

30 g Weiße Schafgarbe
20 g Zanthoxylum alatum

Zubereitung wie Tee oben. Täglich vier bis fünf Tassen trinken. Nach zwei bis drei Wochen umstellen auf:

20 g Ackerschachtelhalm
20 g Alpen-Frauenmantel
10 g Mollugo pentaphylla
30 g Römische Kamille
30 g Schafgarbe
20 g Vitex trifolia

Zubereitung wie oben. Vor den Mahlzeiten je eine Tasse zu sich nehmen.

Zum *Händebaden* empfiehlt sich bei Nagelbettentzündung:

20 g Echte Kamille
30 g Knoblauchzehen
30 g Salbei

Alle Zutaten in ausreichend Wasser 10 Minuten kochen, dann 20 Minuten ziehen lassen und abseihen. Die Hände 20 Minuten darin baden. Die keimtötende Wirkung dieses Absuds verhindert das Auftreten von Entzündungen.

Sechstes Kapitel

Eine schöne Brust – auch ohne Pillen

Die weibliche Brust gilt als das erregendste erotische Symbol schlechthin, sie ist derjenige Körperteil der Frau, der die meisten Blicke auf sich zieht. Die Wissenschaft spricht nur von einem paarig angelegten Organ, das sich aus Milchdrüsen, Binde- und Fettgewebe zusammensetzt.

Was aber bedeutet die Brust für die Frauen selbst? Für sie ist die Brust, ermittelten Wissenschaftler, der weiblichste der Körperteile und auch einer der wichtigsten für Selbstbewußtsein und Schönheit. Die Brust dient ja nicht nur der Nahrungsproduktion für den Säugling, sondern ist auch erotisches *Lockmittel,* das auf Berührungsreize höchst sensibel reagiert.

Für die meisten Frauen hat die Brust große Bedeutung, wie sich aus Umfragen ergab. Aber immer stößt man bei Untersuchungen auch darauf: Mindestens jede zweite Frau ist mit ihrer Brust nicht ganz einverstanden. Vor allem bei Frauen über 25 Jahren wächst die Zahl der Unzufriedenen. Sie empfinden ihre Brust als zu klein, zu groß, oder sie klagen über Hängebrüste. Und viele versuchen alles, um das zu ändern – im Glauben, dadurch schöner und erotisch attraktiver zu werden. Sie lassen ihre Brust chirurgisch verändern, lassen sich künstliche Füllstoffe einspritzen oder absolvieren Hormonkuren. Wieviel Unglück wurde dadurch schon verursacht! Denn meistens haben Hormonkuren eine Nebenwirkung – und manchmal sind es gerade solche Kuren, die eine Hängebrust verursachen. Es geht auch ohne Pillen. Wenn die Brüste wirklich zu klein sind, dürfen wir einige Tees empfehlen.

Die zu kleine Brust

Zu kleine Brüste sind für die betroffenen Frauen oft ein Problem, das zur psychischen Belastung werden kann. Eine Vergrößerung der Brust mit hormonhaltigen Präparaten erreichen zu wollen, ist abzulehnen. Denn nach deren Absetzen kommt es meist zu einer unschönen Hängebrust.

Aber auch eine zu große Brust bereitet häufig Sorgen. Sofern sie nicht auf eine Drüsenerkrankung zurückgeht, sind meist Frauen davon betroffen, die zu Übergewicht neigen.

In vielen Fällen können *Kräutertees* helfen, so etwa bei *zu kleiner Brust:*

20 g Abutilon indicum
20 g Argemone mexicana
30 g Cimicifuga racemosa
20 g Frauenmantel
10 g Gloriosa superba
40 g Römische Kamille
20 g Tetragonia tetragonioides
20 g Weiße Schafgarbe

Für ein bis zwei Teelöffel der Mischung einen Viertelliter heißes Wasser nehmen, den Aufguß 15 Minuten ziehen lassen, dann abseihen. Mindestens zwei bis drei Monate hindurch ein bis zwei Tassen täglich trinken.

Zur *Nachbehandlung* kann folgende Mischung verwendet werden:

30 g Cimicifuga racemosa
20 g Cordia cordifolia
30 g Frauenmantel
20 g Gartenraute

20 g Heidekrautblüten
20 g Hirtentäschelkraut
20 g Mumordica charantia
40 g Rosmarinblätter

Zubereitung wie oben, aber nur 10 Minuten ziehen lassen, ein bis zwei Tassen über den ganzen Tag verteilt trinken. Nach drei bis vier Monaten absetzen. Eine weitere Kur ist erst nach zwei bis drei Monaten zu empfehlen.

Zusätzlich sollte viel Sport betrieben werden, um die Brustmuskulatur zu trainieren. In jüngster Zeit fand man heraus, daß auch Atemübungen, verbunden mit der Vorstellung, die Brust wachse mit jedem Atemzug, erfolgreich sein können. Ebenso läßt sich bei den Übungen des autogenen Trainings der formelhafte Satz einbeziehen: »Ich bin vollkommen ruhig, ausgeglichen und zufrieden, das Brustwachstum setzt ganz langsam und allmählich ein.« Schon mit diesen einfachen Übungen ist ein Anregen des Brustwachstums innerhalb von drei bis vier Wochen möglich.

Bei zu kleinen Brüsten empfiehlt sich auch, sie mit einer Salbenmischung aus *Ringelblume, Beinwell* und *Echter Kamille* einzureiben.

Die zu große Brust

Verkleinerung einer zu großen Brust ist auch ohne chirurgischen Eingriff möglich. Folgender *Tee* fördert diesen Vorgang:

30 g Faulbaumrinde
10 g Hydrophyllum formicarum
30 g Rosmarin
40 g Salbei
30 g Schlehdornfrüchte
30 g Thespesia populnea
20 g Vitex negundo
10 g Wermut

Zubereitung wie oben. Täglich dreimal eine Tasse trinken.

Bei Neigung zu etwas Körperfülle oder zu Übergewicht ist es vorteilhaft, diese Kur mit einer 1 200-Kalorien-Diät zu verbinden, um den Erfolg durch eine Gewichtsabnahme zu unterstützen.

Die gleichzeitige Einnahme von gewichtsreduzierenden Mitteln ist vollkommen abzulehnen. Denn dadurch wird zuviel Wasser ausgeschieden, und früher oder später kommt es zu einer schweren Schädigung des Brustdrüsengewebes. Das Drüsengewebe kann schlaff werden, und eine unansehnliche Hängebrust ist die Folge.

Bei *Übergewicht und zu schweren Brüsten* ist dieser *Tee* nützlich:

30 g Ackerschachtelhalm
30 g Anis
10 g Cimicifuga racemosa
40 g Faulbaumrinde
40 g Fenchel
15 g Holunderblüten
25 g Sennesblätter
10 g Sesbania grandiflora
10 g Süßholzwurzel
10 g Vitex negundo
10 g Vitex trifolia

Zubereitung wie oben. Zweimal täglich eine Tasse heiß trinken. Zusätzlich trägt eine 1 200-Kalorien-Diät (mindestens ein halbes Jahr lang) zu einem Ausgleich der Proportionen bei.

Bei *hartnäckigen Fällen* bewährt sich:

40 g Blasentang
20 g Johanniskraut
30 g Schafgarbe
10 g Vitex trifolia
30 g Weldenia chinensis

Zubereitung wie oben. Täglich dreimal eine Tasse heiß trinken. Dieser Tee bewirkt vermehrt Wasserausscheidung, eine Anregung des Stoffwechsels und eine Verkleinerung der Brustdrüsenstruktur.

In *besonders hartnäckigen Fällen* läßt sich eine Brustverkleinerung durch vegetarische Kost erreichen, die man mindestens ein bis zwei Jahre beibehält. Bei extremem Übergewicht der Brüste empfiehlt es sich, abwechselnd die eben beschriebenen Teemischungen zu trinken und streng vegetarisch zu leben. Die vegetarische Ernährung soll verhindern, daß der Körper Hormone oder hormonähnliche Substanzen, die in fast allen Fleischsorten zu finden sind, aufnimmt. Zu solchen Substanzen zählen auch Östrogene, die das Brustwachstum stimulieren können.

Gewebe und Haut zu großer und schwerer Brüste verlieren früher ihre Elastizität und Spannkraft, als es bei kleineren Brüsten der Fall ist. Daher sollte man bei der *Neigung zur Hängebrust* täglich mindestens dreimal eine Tasse folgenden *Tees* zu sich nehmen:

30 g Ackerschachtelhalm
20 g Hagebutten
20 g Kamillenblüten
10 g Leea indica
20 g Meisterwurz
20 g Terminalia catappa
20 g Thelosma procumbens

Zubereitung wie oben. Dreimal täglich eine Tasse trinken.

Zur *Pflege der Brust* gehört es und ist besonders wichtig, sich immer geradezuhalten. Einmal im Monat sollte die Brust abgetastet werden, um eine Knotenbildung rechtzeitig zu bemerken. Jeder größere Knoten ist verdächtig. (Besonders gefährlich ist es, wenn Knoten an der Brustwand angewachsen sind und sich nicht verschieben lassen.) Auch milchige oder blutige Sekretionen aus der Brustwarze sind sehr verdächtig.

Pflege der Brustwarzen bei stillenden Müttern

Häufig kommt es nach dem Stillen zu einer Entzündung, die recht unangenehme Folgen haben kann, denn Milchreste erleichtern es Bakterien, sich zu vermehren. Die Brustwarzen sollten daher mit einer *kamillentinktur*haltigen Salbe gepflegt werden. Und um sie geschmeidig zu erhalten, empfiehlt sich *Ringelblumensalbe* mit *Beinwellextrakten.*

Zur Einnahme eignet sich folgender *Tee:*

30 g Dysphylla auricularia
30 g Echte Kamille
10 g Faulbaumrinde
20 g Römische Kamille
30 g Salbei
20 g Schlehdornblüten

Ein bis zwei Teelöffel der Mischung für eine Tasse berechnen. Mit kochendheißem Wasser übergießen und 10 Minuten ziehen lassen, danach abseihen. Dreimal täglich eine Tasse trinken. Dieser Tee enthält Wirkstoffe, mit deren Hilfe die Haut weich und elastisch bleibt.

Ein weiteres *Tee*rezept:

20 g Ackerschachtelhalm
10 g Corypha elata
10 g Huflattichblätter
20 g Lantana camara
30 g Spitzwegerich
20 g Thymian
20 g Vitex trifolia
40 g Weiße Schafgarbe

Zubereitung wie oben. Auch hiervon dreimal täglich eine Tasse trinken.

Bei stillenden Müttern sollte die Brustwarze *nach dem Stillen* mit folgender Lotion behandelt werden:

10 g Kamillenextrakt
10 g Pfefferminzöl
5 g Salbeiöl
mit 60prozentigem Alkohol auf 100 g auffüllen.

Die Zutaten am besten durch Schütteln in einer Flasche miteinander mischen und die Brustwarzen damit betupfen.

Nach dem Betupfen mit dieser Lotion hilft das Auftragen von Klettenwurzelöl oder *Mandelöl,* das zu gleichen Teilen mit *Kamillenextrakt* gemischt wird. Bei sehr empfindlichen Brustwarzen hat sich *Johanniskrautöl* bewährt, das auf die Brustwarzen gepinselt wird. (Das Johanniskrautöl muß aber unbedingt frisch sein, denn durch eine zu lange Lagerung kann sich die wohltuende, hautschonende Wirkung ins Gegenteil verkehren.)

Haben sich im Bereich der Brustwarzen schon offene Stellen gebildet, ist es ratsam, diese mit einer Mischung aus *Beinwellextrakt* und *Ringelblumenextrakt* einzureiben.

Die Brust kann auch in einem Absud aus folgender Mischung *gebadet* werden:

20 g Römische Kamille
30 g Rosenblätter
30 g Salbei

Die Kräuter in der entsprechenden Wassermenge kurz aufkochen, auf Körpertemperatur abkühlen lassen und abseihen. Dann die Brust in dieser Flüssigkeit baden.

Siebtes Kapitel

Auch die Wände unserer Venen brauchen Pflege

Jede Minute pumpt unser Herz drei bis vier Liter Blut in die Adern, in das komplizierte, kilometerlange Röhrensystem des Körpers, das schnell und zuverlässig noch die letzte Körperzelle mit Nährstoffen, Sauerstoff und Hormonen versorgt: Im Gehirn fließt das Blut übrigens am schnellsten – mit einer Geschwindigkeit von 25 Zentimetern pro Sekunde.

Durch die Schlagadern (Arterien) fließt das Blut aus dem Herzen in den Körper, durch die Venen kehrt es zurück. Die Venen (Blutadern) sind dünner, weniger starr als die Arterien und verletzlich und anfällig für unsere Zivilisationskrankheiten, die etwa durch Bewegungsmangel ausgelöst werden. Tees und Kräutersäfte können zwar die Bewegung keinesfall ersetzen, aber als Unterstützung und Ergänzung viel Gutes bewirken.

Sehen wir uns die wichtigsten Krankheiten an:

Venenerkrankungen

Krampfadern

Historisch hängt das Auftreten von Krampfadern mit dem Indu

striezeitalter zusammen. Besonders die sitzende Tätigkeit führt zu Stauungen in den Beinen und Hüften. Dadurch kann es zu krampfartigen Beschwerden und zu schlangenähnlich erweiterten Venen kommen. Meistens ist die Veranlagung zu Venenerkrankungen vererbt, man spricht sogar von einer dominanten Vererbungsform. Männer sind von Krampfadern ebenso betroffen wie Frauen. Aber Frauen sind einem größeren Risikofaktor ausgesetzt, denn jede Schwangerschaft kann zu Krampfaderleiden führen.

Bei Krampfadern hilft folgender *Kräutertee:*

20 g Bauhinia tomentosa
30 g Beerentraubenblätter
20 g Birkenblätter
30 g Kalmus
30 g Roßkastanie

Diesen Tee kurz aufkochen. Ein bis zwei Teelöffel der Substanz in einem Viertelliter kaltem Wasser zum Kochen bringen, kurz aufkochen, 15 Minuten ziehen lassen und abseihen. Langsam schluckweise über den Tag verteilt heiß trinken.

Nach zwei Wochen sollte zu dieser *Teemischung* übergegangen werden:

10 g Arnika
30 g Birkenblätter
30 g Brennessel
20 g Celosia argentea
10 g Centella asiatica
5 g Huflattich
20 g Ringelblume

Wie üblich einen Aufguß bereiten (10 Minuten ziehen lassen) und lauwarm über den Tag verteilt vier bis fünf Tassen trinken.

Wenn zusätzlich die Beine geschwollen sind, kann folgender *Tee* getrunken werden:

30 g Ackerschachtelhalm
30 g Birkenblätter
20 g Bohnenhülsen

20 g Brennesselblätter
20 g Centella asiatica
10 g Genista tinctoria
30 g Kamille

Zubereitung und Anwendung wie oben. Nach zwei bis drei Wochen sollte zu folgender Teemischung gewechselt werden:

30 g Ackerschachtelhalm
25 g Birkenblätter
30 g Brennesselkraut
30 g Centella asiatica
30 g Holunderblüten
20 g Johanniskraut
30 g Kalmus
10 g Römische Kamille

Zubereitung wie oben, aber 20 Minuten ziehen lassen. Über den Tag verteilt vier bis fünf Tassen lauwarm trinken.

Thrombose

Bei der *Blutpfropfenbildung (Thrombose)* kommt es meist zu einer entzündlichen Veränderung der Venenwand. Dabei lagern sich oft Blutverdickungen und Blutgerinsel innerhalb der Vene ab. Kleinere oder größere Abschnitte der Venenstrombahn werden eingeengt bis zum Verschluß. Besonders bei Krampfadern bilden sich nach Jahren häufig Blutpfropfen.

Als Ursachen der Thrombose gelten vor allem eine erhöhte Neigung zur Blutgerinnung, eine geringere Fließgeschwindigkeit des Blutes und eine lokal geschädigte Gefäßwand. Nach Verletzungen, manchen Hautinfekten und Entzündungen besteht erhöhte Thrombosegefahr, auch Bettlägerigkeit oder zu lange gelegte Katheter fördern diese Bedingungen. Nach anfänglicher Druckempfindlichkeit und Venenerweiterungen und späterer Verhärtung des entsprechenden Venenstamms können die Erscheinungen bis zur Bildung von Ödemen und zu Venenentzündungen führen. Bei der

Thrombose tritt meist leichtes Fieber auf, das Allgemeinbefinden ist gestört.

Die oberflächliche Thrombose dauert meistens einige Tage, oft eine Woche. Sie spricht gut auf jede sinnvolle Behandlung an. Dabei soll alles vermieden werden, was die Venenwand belastet, und eine bestimmte Ernährung eingehalten werden. Sie sollte salzarm und reizlos sein und viel Rohkost enthalten.

Bei schmerzhafter Venenentzündung empfiehlt es sich, stundenweise einen *Beinwickel* umzulegen, der mit folgender *Teemischung* getränkt ist:

30 g Hauhechelwurzel
30 g Roßkastanie
20 g Wermut

Zwei Teelöffel davon mit einem Viertelliter kaltem Wasser übergießen, zum Kochen bringen, kurz aufkochen und einige Minuten ziehen lassen. Abseihen und Baumwollkompressen mit dem Tee tränken. Für zwei Stunden auf die schmerzhaften Stellen auflegen, dann wieder erneuern.

Sobald die Venenentzündung abgeheilt ist, empfiehlt es sich, zur Nachbehandlung folgende Mischung ins *Badewasser* zu geben:

30 g Ackerschachtelhalm
50 g Lindenblüten
30 g Salbei

Mit zwei Teelöffeln der Kräutersubstanz und einem Viertelliter Wasser einen Aufguß bereiten, der 15 Minuten ziehen soll. Abseihen und das Infus dem nicht zu heißen Badewasser zusetzen. Darin 15 bis 20 Minuten baden. Danach die empfindlichen Stellen mit einer Mischung aus *Rosmarin-* und *Pfefferminzöl* einreiben.

Zur *Vorbeugung* gegen *Venenentzündungen* sind folgende *Kräutertees* zu empfehlen:

30 g Brennessel
25 g Große Klette
25 g Roßkastanienfrucht

35 g Schafgarbe
10 g Stiefmütterchen
25 g Walnußblätter

Die Mischung (zwei Teelöffel) in einem Viertelliter Wasser kurz aufkochen, 15 Minuten ziehen lassen und abseihen. Dreimal täglich eine Tasse trinken.

30 g Arnika
30 g Brennessel
15 g Ehrenpreis
25 g Schafgarbe

Zubereitung wie oben, aber nicht aufkochen lassen, sondern einen Aufguß herstellen. Drei- bis viermal täglich eine Tasse nehmen.

25 g Arnika
40 g Beinwell
20 g Huflattich
35 g Ringelblume

Zubereitung wie oben, die Tagesmenge beträgt zwei bis drei Tassen.

30 g Hopfen
40 g Johanniskraut
80 g Kamille
40 g Schafgarbe

Zubereitung wie oben, täglich drei bis vier Tassen trinken.

15 g Baldrian
15 g Ehrenpreis
15 g Löwenzahnwurzel
20 g Mate-Tee
40 g Römische Kamille

Den Tee ebenfalls wie oben bereiten und zwei- bis dreimal am Tag je eine Tasse trinken.

Tiefliegende Venenentzündungen

Von dieser Erkrankung sind meist ältere, bettlägerige Menschen betroffen, die schon lange an Krampfadern leiden.

Eine tiefliegende Venenentzündung führt häufig zu thrombotischen Erscheinungen und tritt oft nach Herzinfarkt, Schlaganfall und Knochenbrüchen auf. Weitere Ursachen sind Überanstrengungen sowie seelische Belastungen. Die besondere Gefahr dieser Thrombose liegt in der Tatsache, daß es zu einer Lungenembolie kommen kann.

Die Krankheit macht sich durch Schwere- und Schwellungsgefühl der Beine bemerkbar. Manchmal treten krampfartige Schmerzen im Bereich des Knöchels und der Fußsohle auf. Diese Schmerzen ziehen in der Regel aufwärts zur Wade. Dabei sind die Unterschenkel geschwollen. Die Schmerzen nehmen zu und strahlen bis zur Hüfte und zum Becken aus.

Das Fieber kann bis zu 39 Grad ansteigen. Schüttelfrost, Blässe und Schweißausbrüche sind die Folge. Auch beim Husten empfindet man Schmerzen, die sich bis in die Unterschenkel bemerkbar machen.

Bei Verdacht auf tiefe Venenthrombose ist eine sofortige klinische Behandlung nötig, um durch richtige Behandlung die Auflösung des Knotens zu erreichen.

Zur Nachbehandlung eignen sich dann feuchte Umschläge mit essigsaurer Tonerde und 30prozentigem Alkohol. Anschließend sollten Druckbinden angelegt werden, um ein weiteres Anschwellen der Beine zu verhindern.

Zur *Vorbeugung* ist es wichtig, auch die kleinsten Venenschäden zu behandeln – zum Beispiel durch eine Gewichtsabnahme bei Übergewicht. Es kann auch vorbeugend mehrere Jahre hindurch regelmäßig *Azetylsalizylsäure* eingenommen werden.

Ebenso wirkt folgender *Tee* vorbeugend:

30 g Ackerschachtelhalm
30 g Eichenrinde
100 g Inka-Tee

Kräuter und Wasser (zwei Teelöffel für einen Viertelliter) aufkochen, dann 15 Minuten ziehen lassen und abseihen. Dieser Tee sollte mehrere Monate hindurch mindestens einmal täglich getrunken werden.

Günstig ist auch *zur Nachbehandlung einer Venenthrombose* die tägliche Anwendung von *Kamillen-Salbei-Bädern.* Für ein Vollbad nimmt man zehn Milliliter Kamillenextrakt und fünf Milliliter Salbeiöl. Die Temperatur des Bades sollte bei 32 Grad liegen, die Badedauer 20 Minuten nicht überschreiten.

Achtes Kapitel

Mit Kräutern gegen überflüssige Pfunde

In Mitteleuropa weist fast jeder zweite oder dritte Erwachsene mehr als zehn Prozent Übergewicht auf. Zwanzig Prozent der Bevölkerung sind sogar schwer übergewichtig. Das bedeutet, daß bei jedem Fünften das Sollgewicht um dreißig Prozent überschritten wird.

In seltenen Ausnahmefällen ist das Übergewicht Folge einer hormonellen Störung. Die häufigste Ursache sind falsche Ernährungsgewohnheiten.

In den Industrieländern beträgt der Gesamtkalorienumsatz pro Kopf durchschnittlich 3 500 Kalorien (= 14 664 Joule) am Tag, der Bedarf würde bei leichter Tätigkeit jedoch bei nur 2 500 Kalorien (= 10 474 Joule) liegen. Bei Frauen beträgt der Bedarfsumsatz eher noch zehn Prozent weniger, etwa 2 200 Kalorien (= 9 217 Joule). Die Differenz aus Verbrauch und Bedarf ergibt das Übergewicht.

Zahlreiche Diäten wurden in den vergangenen Jahren angeboten. Doch die Zahl der Übergewichtigen blieb mehr oder weniger gleich, obwohl der Wille zum Abnehmen bei vielen Übergewichtigen durchaus vorhanden ist. Allein aus dieser Tatsache ist die Schwierigkeit des Problems *Übergewicht* zu erkennen. Es umfaßt eine physiologische und eine psychologische Komponente.

Bei der Einhaltung einer kalorienbeschränkten Diät (etwa: 1 500

Kalorien = 6 284 Joule) erfolgt die Abnahme langsam, aber sicher. Zur Unterstützung dieser Diät hat sich folgender *Tee* bewährt:

20 g Argemone mexicana
10 g Calotropis gigantea
20 g Faulbaumrinde
20 g Rosmarin
30 g Salbei
20 g Schlehdorn
10 g Wermut

Zwei Teelöffel davon mit einem halben Liter siedendem Wasser aufgießen, nach 15 Minuten abseihen und schluckweise über den Tag verteilt trinken.

In Fällen von *schwer reduzierbarem Übergewicht* hilft dieser *Tee:*

20 g Bachbunge
10 g Bryophyllum pinnatum
30 g Gundelrebe
20 g Isotoma longiflora
10 g Lantana camara
20 g Löwenzahn
30 g Schafgarbe
5 g Schöllkraut

Zubereitung wie oben, aber ein bis zwei Teelöffel Kräuter für einen Viertelliter Wasser. Dreimal täglich eine Tasse schluckweise vor den Mahlzeiten trinken.

Beim Versuch der Gewichtsabnahme müssen auch eventuell vorhandene seelische Konflikte behandelt werden. So können abnorme Trauerreaktionen zu einer hemmungslosen Eßsucht führen.

Hier ist in extremen Fällen ein Psychotherapeut aufzusuchen.

In manchen Fällen hilft Sport sehr gut, überschüssige Kalorien zu verbrennen. Zugleich aber muß an die appetitanregende Wirkung des Sports erinnert werden.

Gewichtsabnahme, Ernährung und Eßgewohnheiten

Der Verzicht von 1 000 Kalorien (= 4 190 Joule) pro Tag kann eine *Abnahme* von einem Kilogramm Gewicht pro Woche bewirken. Am besten ist es, das Übergewicht schrittweise abzubauen, denn jede Radikalkur schadet der Haut. Eine langsame und schonende Abnahme zeitigt keine Nebenwirkungen, wie die Bildung einer Fettschürze, einer Hängebrust oder streifenförmiger Hautrisse in der Unterhaut.

Am idealsten ist die Abnahme von einem bis zwei Kilogramm im Monat, das ist momentan kein sensationeller Erfolg, für den Körper jedoch die schonendste Lösung. Bei einer Radikalkur leiden besonders die inneren Organe. Eine Reihe von Todesfällen ist auf unsachgemäßes Abnehmen zurückzuführen.

Hinsichtlich der *Ernährung* ist in erster Linie auf Limonaden, Konditoreiwaren, gesüßte Säfte und Süßigkeiten aller Art zu verzichten.

Nach einer gewissen Pause sollte dann auch der Fettkonsum eingeschränkt werden. Bei der Neigung zu Übergewicht ist eine vegetarische Kost vorteilhaft. In bestimmten Fällen ist die strikte Einhaltung von Rohkost die einzige Möglichkeit, das Übergewicht zu verlieren. Alkohol ist sehr kalorienreich, sollte daher gemieden werden. Und noch ein Punkt ist wichtig. Bei einer Gewichtsabnahme ist unbedingt auf die nötige Zufuhr von Vitaminen zu achten. Der tägliche Bedarf an Vitamin C liegt bei 100 bis 120 Milligramm.

Es gibt jedoch keine allgemeinen Patentrezepte, jeder Fall von Fettsucht ist individuell zu sehen, denn die Gründe dafür können sehr verschieden sein.

Was aber in jedem Fall einer Überprüfung wert ist, sind die *Eßgewohnheiten.* Wie viele Mahlzeiten nehmen Sie am Tag ein und was beinhalten diese? Fällt die Hauptmahlzeit (aus beruflichen oder anderen Gründen) auf den Abend? Naschen Sie gern und oft, ohne es sich einzugestehen? Essen Sie sehr hastig?

Daß mehrere kleine Mahlzeiten über den Tag verteilt der Verdauungsarbeit der entsprechenden Organe mehr entgegenkommen als drei umfangreiche, ist bekannt. Wenn Sie die drei nachstehenden Tips befolgen, wäre es schon ein großer Gewinn für Sie:

- die Hauptmahlzeit nicht auf den Abend, jedenfalls nicht auf eine Zeit nach 18 Uhr, verlegen,
- Kleinigkeiten zwischendurch notieren (deren Kalorien überprüfen), reduzieren, und schließlich ganz weglassen,
- die Mahlzeiten nicht halbgekaut hinunterschlucken, sondern sich zum Essen nur etwas mehr Zeit für bewußtes, ausreichendes Kauen nehmen (denn hierbei geschieht das für die »Vorverdauung« wichtige Einspeicheln).

Dies sind nur einige wenige Hinweise, sicherlich entdecken Sie selbst noch mehr Anhaltspunkte, bei denen Sie im Sinne einer Änderung beginnen können.

Schlankheitstees bei Übergewicht (bestimmte Ursachen)

Ist hauptsächlich der *Oberkörper* vom Übergewicht betroffen:

30 g Blasentang
30 g Faulbaumrinde
20 g Milaleuca leucadendron
20 g Sennesblätter

Zubereitung und Anwendung auf Seite 218.

Betrifft das Übergewicht hauptsächlich die *Oberschenkel:*

10 g Antrophorum citratus
30 g Blasentang
10 g Centipeda minima
40 g Faulbaumrinde
10 g Liebstöckel
30 g Nauclea orientalis
30 g Schafgarbe
20 g Wacholderbeeren
10 g Weintraubenblätter

Zubereitung und Anwendung wie oben.

Wenn das Übergewicht infolge von *Bewegungsarmut* entstanden ist:

10 g Alstonia scholaris
30 g Anisomeles indica
20 g Asystasia plancetica
40 g Echte Kamille
30 g Faulbaumrinde
30 g Johanniskraut
10 g Lavendel
20 g Lindenblüten
30 g Weißdornblüten
20 g Weißdornfrüchte

Zubereitung und Anwendung wie oben. Der Tee wirkt aktivitätsfördernd.

Geht das Übergewicht auf *Darmträgheit* zurück, ist folgender *Tee* ratsam:

30 g Blasentang
20 g Faulbaumrinde
30 g Fenchel
20 g Johanniskraut
30 g Schafgarbe
20 g Spilanthes acmella

Einen Kaltansatz herstellen (1 Teelöffel der Mischung für eine Tasse Wasser), 5 Stunden ziehen lassen, dann kurz aufkochen und noch 15 Minuten ziehen lassen, und zwei bis drei Tassen täglich trinken.

Ein weiterer *Tee:*

10 g Calotropis gigantea
30 g Fenchel
10 g Lantana camara
40 g Sennesblätter
10 g Süßholzwurzel

Zubereitung und Anwendung wie oben.

Wenn das Übergewicht mit *geschwollenen Beinen* verbunden ist, kann dieser *Tee* helfen:

10 g Anis
40 g Birkenblätter
30 g Brennessel
30 g Fenchel
10 g Frauenmantel
10 g Kümmel
10 g Momordica charantia
10 g Sida acuta
10 g Weiße Schafgarbe

Zubereitung und Anwendung wie oben.

Wenn das Übergewicht auf einer *Stoffwechselträgheit* beruht, regt dieser Tee die Stoffwechseltätigkeit an:

30 g Ackerschachtelhalm
10 g Desmodium gangeticum
20 g Erythrina orientalis
30 g Johanniskraut
20 g Schafgarbe
20 g Wegwartewurzel

Ein bis zwei Teelöffel der Kräutermischung in einem Viertelliter Wasser kurz aufkochen, 15 Minuten ziehen lassen und abseihen.

Schluckweise über den Tag verteilt trinken.

Eine andere *Teezusammenstellung* hilft ebenso:

20 g Bitterklee
30 g Enzianwurzel
20 g Faulbaumrinde
20 g Löwenzahnwurzel
30 g Lymnanthemum cristatum
10 g Meisterwurz
30 g Pfefferminzblätter

20 g Rhabarberwurzel
5 g Schöllkraut

Zubereitung wie oben, dreimal täglich eine Tasse schluckweise vor den Mahlzeiten trinken.

Bei Übergewicht infolge *mangelhafter Herz- und Kreislauftätigkeit:*

20 g Ackerschachtelhalm
20 g Asystasia gangetica
10 g Blumea balsamifera
30 g Enzianwurzel
10 g Lavendel
30 g Pfefferminze
10 g Plumeria acuminata
20 g Rosmarin
30 g Sennesblätter
30 g Weißdornblätter
20 g Weißdornblüten

Zubereitung wie oben, schluckweise über den Tag verteilt einen halben bis dreiviertel Liter trinken. Der Tee bremst den Appetit und regt den Kreislauf an.

Wenn das Übergewicht von *Depressionen* herrührt:

10 g Acalypha indica
30 g Baldrianwurzel
20 g Faulbaumrinde
10 g Garten-Rettich
40 g Hopfenzapfen
20 g Lantana camara
30 g Meisterwurz
30 g Passiflora incarnata
10 g Sennesblätter
30 g Tausenguldenkraut

Ein bis zwei Teelöffel davon in einem Viertelliter Wasser morgens für eine Stunde kalt ansetzen, dann kurz aufkochen, 15 Minuten ziehen lassen und abseihen. Dreimal täglich eine Tasse lauwarm trinken, eventuell mit Honig süßen.

Wenn das Übergewicht vorwiegend *seelische Ursachen* hat:

10 g Ackerschachtelhalm
10 g Amamyrta coccolus
20 g Hirtentäschelkraut
20 g Hopfenzapfen
10 g Mariendistel
30 g Passiflora incarnata

Die Kräuter (ein bis zwei Teelöffel) mit einem Viertelliter kochendheißem Wasser überbrühen, 15 Minuten ziehen lassen und abseihen. Dreimal täglich eine Tasse schluckweise trinken.

Teerezepte zum Abnehmen (allgemein)

Bei Überernährung gibt es viele gute Methoden, ohne chemische Präparate Gewicht zu verlieren – zum Beispiel mit Hilfe der nun folgenden Teerezepte.

Bei *Frauen* hat sich folgender *Schlankheitstee* bewährt:

30 g Faulbaumrinde
15 g Frauenmantelwurzel
20 g Isotoma longiflora
10 g Myrica rubra
20 g Römische Kamille
10 g Rosmarin
30 g Salbei
30 g Schlehdorn
10 g Sida acuta

Einen Aufguß bereiten (ein bis zwei Teelöffel Kräuter für einen Viertelliter Wasser), der 15 Minuten ziehen soll, abseihen. Dreimal täglich eine Tasse warm trinken.

Für *Kinder* erwies sich als günstig:

30 g Brombeerblätter
20 g Erdbeerblätter
10 g Himbeerblätter
5 g Sennesblätter
20 g Solanum indicum

Zubereitung wie oben.

Eine Tasse zum Frühstück nehmen; dieser Tee regt den Stoffwechsel an und verhindert die Speicherung von Fett im Körper.

Schlankheitstee bei *starkem Übergewicht:*

30 g Ackerschachtelhalm
30 g Brennessel
30 g Faulbaumrinde
20 g Rinophila indica
20 g Schlehdorn

Einen Aufguß herstellen (ein bis zwei Teelöffel Kräuter für einen Viertelliter Wasser), der 15 Minuten zog. Abseihen, dreimal täglich eine Tasse trinken.

Weitere *Schlankheitstees:*

20 g Oxalis repens
20 g Rosmarin
20 g Salbei
10 g Urena lobata
10 g Wermut

Zubereitung und Anwendung wie oben.

20 g Faulbaumrinde
50 g Römische Kamille
20 g Schafgarbe
15 g Sennesblätter

10 g Süßholzwurzel
15 g Wacholderbeeren

Zubereitung wie oben, zwei- bis dreimal täglich eine Tasse trinken.

20 g Anis
30 g Erdrauch
30 g Löwenzahnwurzel
25 g Odermennig
45 g Schafgarbe
40 g Seifenkrautwurzel
20 g Süßholzwurzel

Zubereitung und Anwendung wie oben.

25 g Blasentang
30 g Faulbaumrinde
20 g Liebstöckel
45 g Schafgarbe
20 g Sennesblätter
20 g Wacholderbeeren

Zubereitung und Anwendung wie oben.

15 g Blasentang
25 g Faulbaumrinde
15 g Liebstöckel
20 g Löwenzahnwurzel
35 g Melisse
45 g Schafgarbe
15 g Sennesblätter
10 g Wacholderbeeren

Zubereitung und Anwendung wie oben.

25 g Brennessel
15 g Bibernellwurzel
20 g Faulbaumrinde
15 g Fenchel
15 g Hagebutten

15 g Hauhechel
30 g Melisse
45 g Pfefferminze

Zubereitung und Anwendung wie oben.

15 g Anis
25 g Brennesselblätter
15 g Frauenmantel
30 g Rhabarber
10 g Salbei
20 g Sennesblätter
10 g Süßholz

Zubereitung und Anwendung wie oben.

20 g Ackerschachtelhalm
30 g Faulbaumrinde
30 g Johanniskraut
50 g Kamillenblüten
20 g Löwenzahnwurzel
10 g Petersilie
55 g Pfefferminzblätter
15 g Rosmarin

Zubereitung und Anwendung wie oben.

40 g Ackerschachtelhalm
20 g Brennessel
25 g Faulbaumrinde
15 g Malvenblätter
30 g Melisse
35 g Schafgarbe
30 g Spitzwegerich
15 g Wegwarte

Zubereitung und Anwendung wie oben.

Tees, die gleichzeitig leicht *entwässernd* und *entschlackend* wirken:

30 g Ackerschachtelhalm
30 g Birkenblätter
40 g Brennessel
50 g Echte Kamille
20 g Faulbaumrinde
20 g Kalmus
10 g Wacholderbeeren

Zubereitung und Anwendung wie oben.

25 g Ackerschachtelhalm
20 g Bohnenhülsen
25 g Holunder
30 g Johanniskraut
10 g Kümmel
50 g Pfefferminze
30 g Schafgarbe
10 g Wacholder

Zubereitung und Anwendung wie oben.

25 g Ackerschachtelhalm
20 g Attich
25 g Birkenblätter
15 g Hauhechel
20 g Holunder
40 g Kamillenblüten
15 g Petersilie

Alles wie oben.

20 g Birkenblätter
30 g Brennesselblätter
25 g Faulbaumrinde
10 g Kalmus
10 g Kümmel
40 g Pfefferminzblätter
10 g Wacholder
10 g Weißdorn

Zubereitung und Anwendung wie oben.

35 g Bohnenhülsen
40 g Brennessel
40 g Echte Kamille
25 g Goldrute
45 g Schafgarbe
20 g Schlehdorn
25 g Seifenkrautwurzel

Zubereitung und Anwendung wie oben.

Neuntes Kapitel

Wechseljahre

Heilkräutertees für das körperliche und seelische Gleichgewicht

Beschwerden durch die Wechseljahre treten bei Frauen im Alter von 45 bis 55 Jahren auf. Häufigkeit und Art der Beschwerden sind recht verschieden. Während dieser Zeit hört die Regelblutung langsam auf. Es kommt zu zahlreichen hormonellen Umstellungen im Körper. Daraus ergeben sich körperliche, seelische und nicht zuletzt auch kosmetische Probleme.

Das Brustgewebe wird schlaffer, die Haut verliert ihre Spannkraft. Außerdem machen sich an Armen und Händen Altersflekken bemerkbar.

Während dieser Zeit treten gehäuft Symptome wie Kopfdruck, Hitzewallungen, Herzrhythmusstörungen auf. Die körperliche und seelische Unruhe ist häufig von Niedergeschlagenheit, Depressionen und Lebensangst begleitet. Körperliche und seelische Beschwerden stehen hier in enger Wechselbeziehung zueinander. Viele Frauen fühlen sich als nicht mehr attraktiv, und ihr Selbstbewußtsein erleidet einen tiefen Einbruch.

Durch Naturkosmetik, biologische Produkte und Kräutertees kann das seelische Gleichgewicht wiederhergestellt werden.

Ein bewährter *Kräutertee* hat folgende Zusammensetzung:

20 g Baldrian
10 g Cimicifuga racemosa
20 g Gardenia augusta
20 g Heliotropium indicum
30 g Hirtentäschelkraut
10 g Mistel
30 g Schafgarbe
10 g Sida acuta
20 g Tormentillwurzel
20 g Triodesma indicum

Ein bis zwei Teelöffel der Substanz mit einem Viertelliter kochendheißem Wasser übergießen, 15 Minuten ziehen lassen und abseihen.

Dreimal täglich eine Tasse zu sich nehmen.

Wenn Wechseljahresbeschwerden mit *Hitzewallungen* einhergehen, empfiehlt sich:

30 g Cimicifuga racemosa
20 g Melisse
20 g Pistia stratiotes
30 g Römische Kamille
20 g Selaginella tamariscina

Zubereitung wie oben, aber 20 Minuten ziehen lassen. Schluckweise über den Tag verteilt trinken.

Kommt es zu *Magendrücken und hohem Blutdruck,* kann zu diesem Tee geraten werden:

30 g Enzianwurzel
20 g Johanniskraut
10 g Lagerstroemia speciosa
10 g Leonurus sibiricus
10 g Limnophila gurgosa
10 g Majoran
20 g Wegwarte
30 g Weiße Schafgarbe

Zubereitung des Tees wie oben. Zweimal täglich eine Tasse trinken.

Sind *Gesichtsrötung,* Neigung zu *hohem Blutdruck* und *Schwindelgefühl* Erscheinungen der Wechseljahre, erwies sich folgender *Tee* als hilfreich:

20 g Benediktenkraut
30 g Cimicifuga racemosa
20 g Eriosina chinensis
30 g Fenchel
10 g Flagellaria indica
20 g Römische Kamille
30 g Schafgarbe
10 g Tausendguldenkraut

Zubereitung und Anwendung wie oben.

Bauchkrämpfe lindert dieses Mittel:

20 g Cimicifuga racemosa (Extrakt)
10 g Propolistinktur
10 g Weißdornextrakt
mit 70prozentigem Alkohol auf 100 g auffüllen

Davon dreimal täglich 20 Tropfen einnehmen, am besten vor den Mahlzeiten.

Sind die Beschwerden von *Depressionen, Stimmungsschwankungen* und *Hitzewallungen* begleitet, nützt folgender Tee:

30 g Cimicifuga racemosa
10 g Haselnuß
30 g Passiflora incarnata
10 g Pfeilkraut
20 g Rosenblätter
10 g Sambucus javanica
30 g Taubnessel
30 g Veilchenblüten

Zubereitung wie obigen Tee, aber nur kurz aufkochen lassen. Täglich vier bis sechs Tassen trinken.

Bei *Unruhe, nervösem Magen* und *Schlaflosigkeit:*

20 g Ehrenpreis
30 g Hopfenzapfen
30 g Merremia umbellata
20 g Rosmarin
30 g Tausendguldenkraut

Zubereitung und Anwendung wie oben.

Kommt es zu *Appetitlosigkeit, Verdauungsbeschwerden* und *Hitzegefühl,* kann diese Mischung angewandt werden:

20 g Hopfenextrakt
30 g Johanniskrautextrakt
20 g Passiflora incarnata (Extrakt)
mit 70prozentigem Alkohol auf 100 g auffüllen

Morgens und mittags je 10 Tropfen und am Abend 30 Tropfen der gut durchmischten Lösung einnehmen.

Wenn die Beschwerden mit *Hautausschlag, Schlaflosigkeit* und *Niedergeschlagenheit* einhergehen:

30 g Ackerschachtelhalm
30 g Cimicifuga racemosa
20 g Hopfenzapfen
20 g Pistia stratiotes
30 g Salbei
20 g Selaginella tamariscina

Zubereitung und Anwendung wie bei obigem Teerezept.

Nach etwa zwei bis drei Wochen sollte auf folgenden Tee umgestellt werden:

20 g Ackerschachtelhalm
30 g Birkenblätter
30 g Cimicifuga racemosa
20 g Hopfenzapfen
20 g Leonurus sibiricus
20 g Sesbania grandiflora

Zubereitung wie oben. Tasse vor jeder Mahlzeit schluckweise trinken.

Treten *Hautunreinheiten* und *Verstopfung* auf, ist dieser Tee wirksam:

5 g Anis
30 g Faulbaumrinde
20 g Ixora chinensis
40 g Kamille
10 g Kümmel
10 g Pfefferminze
20 g Rhabarberwurzel
5 g Schöllkraut

Ein bis zwei Teelöffel der Mischung in einem Viertelliter kaltem Wasser zum Kochen bringen, ein bis zwei Minuten kochen und 20 Minuten ziehen lassen. Täglich vier bis sechs Tassen trinken.

Bei *Blähungen, Verstopfung, Hautunreinheiten* und *Depressionen:*

30 g Faulbaumrinde
20 g Kümmel
20 g Löwenzahnwurzel
30 g Orangenschalen
20 g Orthosiphon aristatus
20 g Pistia stratiotes
10 g Tectona grandis

Zubereitung wie oben (kurz aufkochen), aber 15 Minuten ziehen lassen.

Wenn diese Beschwerden mit *krankhaftem Übergewicht* einhergehen und gleichzeitig *Hautunreinheiten* bestehen:

20 g Hibiscus rosa-sinensis
20 g Ixora chinensis
20 g Rosmarin
30 g Salbei
5 g Wermut

Zubereitung und Anwendung wie oben.

Gegen *geschwollene Beine, Herzschwäche* und *Herzrhythmusstörungen* hilft dieser Tee:

20 g Ackerschachtelhalm
30 g Baldrian
20 g Hibiscus syriacus
10 g Homonoya reparia
20 g Hopfenblüten
30 g Melisse
20 g Pistia stratiotes
5 g Wacholderbeeren
10 g Weißdornblüten
20 g Weißdornfrüchte

Zubereitung und Anwendung wie oben.

Kopfschmerzen und *Schlaflosigkeit* wirkt dieser *Tee* entgegen:

30 g Baldrian
30 g Hopfenzapfen
20 g Ixora chinensis
30 g Leonurus sibiricus
20 g Limnophila rugosa
20 g Passiflora incarnata
20 g Schlüsselblumenwurzel

Zubereitung wie oben, jedoch 20 Minuten ziehen lassen, vor den Mahlzeiten je eine Tasse trinken.

Besteht Neigung zu *Ekzemen, Schlaflosigkeit* und *Unlustgefühlen* ist zu folgendem *Tee* zu raten:

30 g Cimicifuga racemosa
30 g Hopfenzapfen
20 g Ixora chinensis
20 g Pistia stratiotes
40 g Römische Kamille

Zubereitung und Anwendung wie oben.

Bei *Schlaflosigkeit, Darmträgheit* und *Magenschmerzen* empfiehlt sich dieser *Tee:*

10 g Baldrian
20 g Benediktenkraut

20 g Borretsch
10 g Cimicifuga racemosa
10 g Ehrenpreis
20 g Eupatorium japonicum
10 g Flagellaria indica
10 g Hibiscus syriacus
20 g Sennesblätter
30 g Wegwartewurzel
10 g Wermut

Zubereitung und Anwendung wie oben.

Nach etwa zwei bis drei Wochen kann auf folgende Mischung umgestellt werden:

20 g Ackerschachtelhalm
30 g Baldrian
20 g Bärentraubenblätter
30 g Cimicifuga racemosa
20 g Eleusine indica
20 g Eriosema chinensis
10 g Flagellaria indica
20 g Passiflora incarnata
20 g Weißdornblüten

Wie oben zubereiten: Kurz aufkochen, aber zugedeckt 15 Minuten ziehen lassen, vor den Mahlzeiten je eine Tasse schluckweise trinken.

Nach zwei bis drei Wochen sollte es zu einer Besserung kommen. Ist dies nicht der Fall, führt dieses *Teerezept* vielleicht zum Erfolg:

20 g Baldrian
30 g Cimicifuga racemosa
20 g Flagellaria indica
30 g Hopfenzapfen
30 g Löwenzahnwurzel

20 g Selaginella tamariscina
10 g Sesbania grandiflora

Zubereitung und Anwendung wie oben.

Es kommt auch vor, daß während der Wechseljahre im *Gesicht* verstärkt *Haare* wachsen. Dann hilft folgende *Salbe,* die vor dem Schlafengehen aufzutragen ist:

3 g Arnikaöl
3 g Pfefferminzöl
3 g Placenta-Extrakt
1 g gefällter Schwefel
mit Basunguent® auf 50 g auffüllen

Alle Bestandteile sorgfältig miteinander verrühren und abends dünn auf die betroffenen Stellen auftragen. Am Morgen mit kamillenteegetränkten Wattebäuschen abtupfen.